Dorothée Werner, Patrick Körber
Buchhändler? – Na klar!

Edition Buchhandel Band 15

Herausgegeben von Klaus-W. Bramann

Dorothée Werner, Patrick Körber

Buchhändler? – Na klar!

Ein Blick auf die Branche • Was wollen Azubis? •
Ausbildungsinhalte in Schule und Betrieb • Rechte
und Pflichten während der Ausbildung • Bewerbung
um Job und Arbeitsplatz • Praktikum im In- und
Ausland • Weiterbildung und Karrieremöglichkeiten

: Bramann

Verzeichnis der Sponsoren

Folgende Sponsoren haben sich durch Anzeigen im vorliegenden
Azubi-Ratgeber um den Nachwuchs der Branche verdient gemacht:

Libri 28
Schulen des Deutschen Buchhandels 56
Koch, Neff & Volckmar 82
Carlsen 119
Bibliographisches Institut/F. A. Brockhaus 120
Verlagsgruppe Langenscheidt 121
Verlag C. H. Beck 122
Rowohlt Verlag 123
Diogenes 124
Klett 125
Aufbau Verlag 126
Verlagsgruppe Droemer Knaur 127

Logos auf U 1 auch von
C. Hanser; Kösel Buch und Verlag Antje Kunstmann

©   2005 Bramann Verlag, Frankfurt am Main
Alle Rechte vorbehalten
Einbandgestaltung
und Typographie   Hans-Heinrich Ruta nach einer Reihenkonzeption von
Stefanie Langner
Herstellung   Verlagsproduktionen Hans-Heinrich Ruta, Stuttgart
Satz   auf Apple Macintosh G5 in QuarkXPress Passport 6.5
Schrift   gesetzt aus der 9,25/12 pt Concorde BE und der GST Polo 11
Papier   Gedruckt auf säurefreiem und chlorfrei gebleichtem Papier
Druck und Bindung   Kösel GmbH & Co. KG, Altusried-Krugzell (www.koeselbuch.de)
Printed in Germany, 2005
ISBN   3-934054-22-6

Inhalt

Vorwort der Autoren

Man kann Bücher zwar nicht essen, aber genießen. Und darum meinen viele Menschen, ohne sie nicht leben zu können. Denn ein Buch ist weit mehr als beschriebenes Papier. Es ist einerseits ein wichtiges Kulturgut und der Speicher des Weltwissens. Andererseits ist ein Buch manchem auch ein wahrer Freund: Es unterhält, informiert, widerspricht, begleitet, heitert auf, tötet Langeweile, tröstet und fordert heraus. Es ist eine pflegeleichte Freundschaft; zwar nicht wasserfest, aber auf alle Fälle wasserdicht.

Aber auch für diese Freundschaft muss man etwas tun und Verantwortung übernehmen. Sehr viel dafür tun Buchhändler. Sie sind die Vermittler zwischen Leser und Autor. Zusammen mit Verlagen sorgen Buchhändler dafür, dass solche Freundschaften überhaupt entstehen können. Die Voraussetzungen sind günstig, denn junge Menschen, die die Ausbildung zum Buchhändler ergreifen, sind getrieben vom Interesse an Literatur, scheuen aber auch nicht den Kontakt zu potenziellen Lesern. Es obliegt dem Buchhändler, für das Medium Buch Interesse zu wecken. Je besser der Buchhändler ausgebildet ist, umso größer ist die Wahrscheinlichkeit, dass der Kunde den richtigen Freund findet.

Jede Branche hat ihren Fachjargon. Wir halten es für sinnvoll, die Interessenten an dem Berufsbild des Buchhändlers gleich in das Fachvokabular einzuführen, damit sie später – wenn es darauf ankommt – mitreden können. Aber keine Sorge, so reich an unverständlichen Fachausdrücken ist die Branche nicht. Ein Wort taucht aber immer wieder auf, das bereits hier kurz erläutert werden sollte, da in den folgenden Kapiteln immer wieder vom *Sortiment*, dem *Sortimenter* oder dem *Sortimentsbuchhändler* die Rede ist.

Mit Sortiment ist zunächst einfach das Warenangebot der Buchhandlung, bzw. diese selbst gemeint. Der Sortimenter oder Sortimentsbuchhändler ist also die ausgebildete Fachkraft im verkaufenden (verbreitenden) Buchhandel. Diese Bezeichnung wählt man deshalb, weil es auch noch andere Buchhändler wie den Verlagsbuchhändler (herstellender Buchhandel) gibt. Während der Verlagsbuchhändler nur im Verlag tätig ist, hat der Sortimentsbuchhändler direkt mit Kunden zu tun, ist also ein

Verkäufer im Einzelhandel. Unser Ratgeber wendet sich an diejenigen, die erwägen oder sich bereits dazu entschieden haben, eine Ausbildung zum Sortimentsbuchhändler aufzunehmen.

Wer sich für eine Ausbildung zum Sortimentsbuchhändler entscheidet, trifft sicherlich eine gute Wahl. Die Ausbildung ist fundiert, die Buchbranche bietet viele Entfaltungsmöglichkeiten und Zukunftsperspektiven. Es ist ein Beruf, in dem man Vorlieben pflegen, aber sich auch der großen Vielfalt der Literatur widmen kann. Dieses Buch soll jungen Menschen, die den Ausbildungsberuf des Buchhändlers ergreifen wollen, zu einem bestmöglichen Einstieg in die Branche verhelfen. Wir geben Tipps zu allen ausbildungsrelevanten Themen, angefangen mit Ausbildungsinhalten in Schule und Betrieb, über Rechte und Pflichten, Möglichkeiten für Praktika und Weiterbildungen bis hin zu Karrierechancen. Ferner bieten wir Hinweise für die erste Bewerbung, einen Überblick über die Situation der Branche sowie über die Partner und Institutionen des Buchhandels.

Wir haben uns bei der Beschreibung des Berufsbildes dafür entschieden, nur die männliche Form zu benutzen. Es schien uns stilistisch geraten, da sich sonst wahre Wortmonster ergäben. Wir bitten uns dies nachzusehen, obwohl wir wissen, dass weit über 80 Prozent der Auszubildenden im Buchhandel weiblichen Geschlechts sind.

Frankfurt am Main im Oktober 2004
Patrick Körber und *Dorothée Werner*

Vorwort des Herausgebers

Die vorliegende Publikation war ursprünglich eine Auftragsarbeit für einen anderen Verlag, der sich jedoch kurz vor Vergabe des Druckauftrags aus programmatischen Gründen, wie es so schön in der Fachsprache heißt, aus diesem Projekt zurückzog. Der Name des Verlags sei verschwiegen, nicht aber der Name der Firma *IMAGEMACHER Patrick Körber und Dorothée Werner GbR*. Unter diesem Namen recherchierten die Autoren in Buchhandlungen und Verlagen, interviewten rund 400 Azubis und sichteten die Literatur rund um den Buchhandel. Und nun sollte der Azubi-Ratgeber nicht erscheinen? Die Enttäuschung war groß. Sollte die ganze Arbeit umsonst gewesen sein?

Dorothée Werner, die 2002 im sechsten Jahr das Azubistro auf der Frankfurter Buchmesse betreute, kam mit ihrem Frust zu meinem Stand, der direkt gegenüber lag, und schilderte mir ihr Problem. Ich sagte ihr, dass ich aus wirtschaftlichen Gründen den Titel nicht Eins-zu-Eins übernehmen könne – aber vielleicht gäbe es noch Möglichkeiten, wenigstens Kernbereiche des ursprünglichen Werks für Azubis und eine breitere buchhändlerische Öffentlichkeit zugänglich zu machen. Weitere Gespräche folgten.

Im August 2003 schrieb ich dann 25 größere Unternehmen aus unserer Branche an: Ob sie sich vorstellen könnten, einen Azubi-Ratgeber finanziell zu unterstützen? Die Reaktion war positiver als die Autoren zu hoffen wagten. Es gab und gibt sie also doch – Unternehmen, die sich mit finanziellem Engagement an einem Non-Profit-Objekt beteiligen. Die Drucklegung war gesichert. Denn für alle Beteiligten war klar, dass dieser Titel zum Wohle der Branche mit einem subventionierten Preis auf den Markt kommen müsse.

Kaum zu lösen hingegen war das Problem der Textüberarbeitung. Denn man konnte nicht einfach einzelne (Unter)Kapitel weglassen. Außerdem darf man im Jahr 2005 nicht ein Buch mit Redaktionsstand 2002 herausbringen. Aber die Autoren waren in der Endphase ihres Studiums und hatten verständlicherweise keine Zeit. Was tun? – In dieser Situation übertrugen sie die Verantwortung für dieses Buch mir. Ich danke für ihr Vertrauen und hoffe, dass es mir gelungen ist, den Azubi-Ratgeber in ihrem Sinne zusammengefasst und aktualisiert zu haben. Bedanken möchte ich mich auch bei meinen Seckbacher Kollegen Thomas Casagrande, Mario Lange, Jürgen Lemke, Helmut Reichert und Wolfgang Schmelzle, die einzelne Passagen auf Richtigkeit und Schlüssigkeit hin durchgelesen haben. Ferner danke ich Nicola Barry, Ausbildungsleiterin bei Buch Habel, Klaus-Peter Engelhardt, Referent für Aus- und Weiterbildung beim Landesverband Nordrhein-Westfalen, und Eva Martin, langjährige Leiterin der Abteilung Berufsbildung des Börsenvereins, für einzelne Anregungen und die kritische Durchsicht des Manuskripts. Nicht zu vergessen die drei auszubildenden Verlagsbuchhändler Heike Boldt, Sabine Pfefferer und Peter Wagner, die während ihres Block-Berufsschulunterrichts an der Deutschen Buchhändlerschule den gesetzten Text noch einmal Korretur gelesen haben.

Schlussendlich geht noch einmal ein Dankeschön an alle Sponsoren, die zum Gelingen des Buches beigetragen haben. Neben den Unternehmen, die mit ihrem Logo auf dem Cover und/oder mit einer Anzeige ins Auge fallen, gilt mein Dank aber auch einer nicht auf den ersten Blick ›sichtbaren‹ Person: Mein Hersteller Hans-Heinrich Ruta hat den Text für einen kostengünstigen Fixpreis in eine Form gebracht, die es verdient hätte, besser bezahlt zu werden.

Möge dieses Buch dazu beitragen, künftige Auszubildende für unsere Branche zu begeistern. Denn nur mit engagierten, aufgeklärten, qualifizierten und motivierten jungen Menschen kann die Medienwelt sich in eine Richtung weiter entwickeln, die dem Faktor Kundenzufriedenheit weiterhin höchste Priorität einräumt.

Frankfurt am Main im April 2005
Dr. Klaus-Wilhelm Bramann

1
Situation des Buchhandels

»Bücher sichern die Zukunft, aber wir müssen auch die Zukunft der Bücher sichern.« HILDEGARD HAMM-BRÜCHER

Wer eine Ausbildung im Buchhandel anstrebt oder sich gar in einem Lehrverhältnis befindet, ist darauf angewiesen, möglichst viel über die Buchbranche zu wissen. Selbstverständlich will man selbst einschätzen können, wie die Perspektiven in dem gewählten Berufsfeld einmal aussehen werden. Es kursieren zahlreiche Prognosen, wie es mit der Buchbranche weitergehen wird. So gibt es beispielsweise Befürchtungen, dass kleine Buchhandlungen langfristig untergehen könnten, weil sie Buchhandelsketten oder dem Vertrieb übers Internet Platz machen müssen. Auch häufig geführte Diskussionen über die Buchpreisbindung oder das Urheberrecht tragen mitunter zu einer Verunsicherung in der Buchbranche bei. Wir möchten diese Feuer hier nicht schüren, sondern wollen die Fakten darlegen, die eine Einschätzung über die Situation des deutschen Buchhandels zulassen.

1.1
Branchenumsatz

»Von den vielen Welten, die der Mensch nicht von der Natur geschenkt bekam, sondern sich aus dem eigenen Geiste erschaffen hat, ist die Welt der Bücher die größte.« HERMANN HESSE

Eine gute Ausgangssituation für angehende Buchhändler stellt die Tatsache dar, dass die Nachfrage nach Büchern ungebrochen groß ist. Der geschätzte Gesamtumsatz der Buchbranche in der Bundesrepublik Deutschland zu Verkaufspreisen, den die verschiedenen Vertriebswege Sortimentsbuchhandel, Warenhausbuchhandel, Reise- und Versandbuchhandel, Direktvertrieb der Verlage, Buchgemeinschaften und sonstige Verkaufsstellen zusammen erzielen, lag 2003 nach einer Analyse des Börsenvereins bei 9.067 Millionen Euro, also bei rund 9 Milliarden Euro.

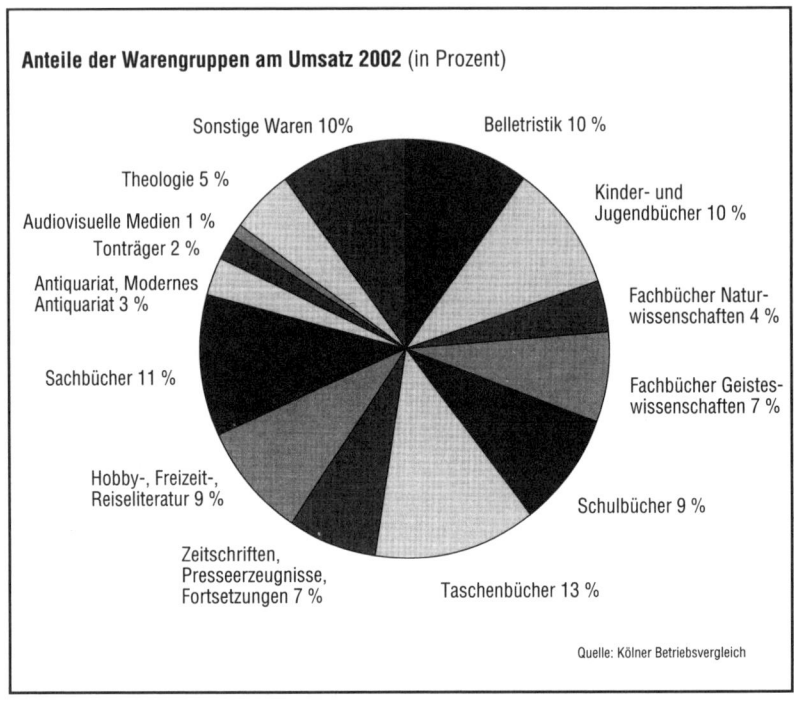

Anteile der Warengruppen am Umsatz 2002 (in Prozent)

Sonstige Waren 10%

Belletristik 10 %

Theologie 5 %

Audiovisuelle Medien 1 %
Tonträger 2 %

Kinder- und
Jugendbücher 10 %

Antiquariat, Modernes
Antiquariat 3 %

Fachbücher Natur-
wissenschaften 4 %

Sachbücher 11 %

Fachbücher Geistes-
wissenschaften 7 %

Hobby-, Freizeit-,
Reiseliteratur 9 %

Schulbücher 9 %

Zeitschriften,
Presseerzeugnisse,
Fortsetzungen 7 %

Taschenbücher 13 %

Quelle: Kölner Betriebsvergleich

Zitiert nach: Buch und Buchhandel in Zahlen 2004, Seite 48

Und das bei 80.971 neuen Titeln allein im Jahr 2003. In welcher Bandbreite Bücher über den Sortimentsbuchhandel verkauft werden, verdeutlicht die oben abgebildete Grafik.

Welche Bücher aber der Deutschen Liebste sind, kann man also gar nicht so einfach sagen. Zwar machen Taschenbücher mit 13 Prozent Anteil am Gesamtumsatz den größten Posten aus, aber im weiteren Ranking liegen verschiedene Warengruppen fast gleich auf. Trotzdem kann man sagen, dass mit belletristischen Titeln unter 20 Prozent des Umsatzes erreicht wird. Zählt man die Warengruppe Kinder- und Jugendbuch dazu ergibt sich folgendes Bild: Die fiktionale Literatur erzielt maximal 25 Prozent des Umsatzes der Branche. Im Umkehrschluss bedeutet dies aber: Mehr als 75 Prozent des Branchenumsatzes wird mit der so genannten nicht-fiktionalen Literatur erwirtschaftet.

Auch bei der Zahl der verlegten Erstauflagen im Jahr 2003 spielt die Belletristik von den Prozentzahlen her eine eher bescheidene Rolle. Nach einer Berechnung des Börsenvereins sind es 15,1 Prozent, wobei der Anteil der Taschenbücher bei 41,9 Prozent liegt. Die meisten Titel erschienen 2003 in ihrer Erstauflage in München (8.527 Titel), gefolgt von

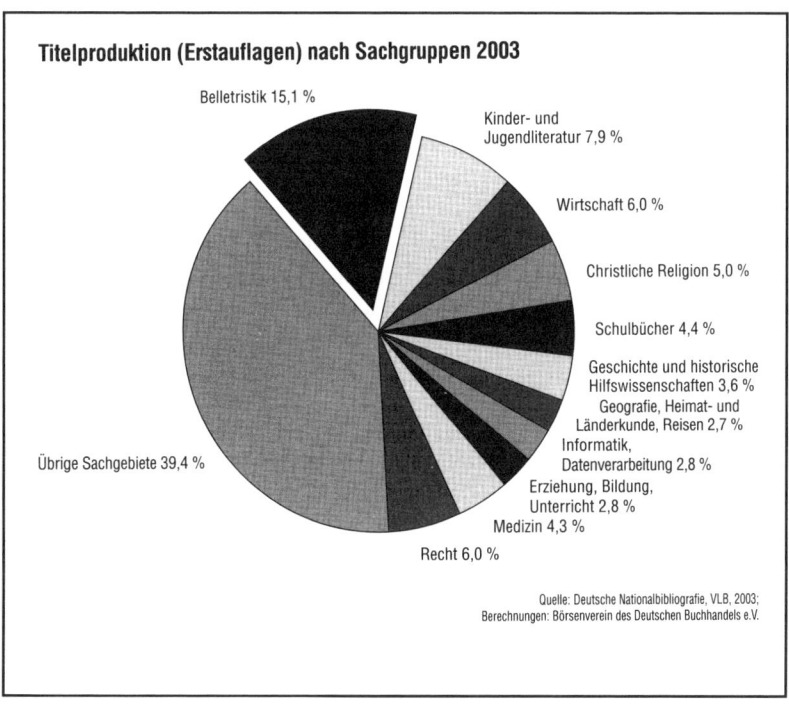

Zitiert nach: Buch und Buchhandel in Zahlen 2004, Seite 63

Berlin (6.605 Titel), Frankfurt am Main (3.927 Titel) und Stuttgart (3.123 Titel).

1.2
Verlage und Bestseller

»Es kommt nicht auf die Menge, sondern auf den Wert der Bücher an.«

SENECA

Für viele Verlage gehört der Verkauf von Bestsellern zum Kerngeschäft. Als ein extremes Beispiel sei der Carlsen Verlag genannt, der einer der erfolgreichsten Belletristik-Verlage in Deutschland geworden ist – dank Joanne K. Rowlings *Harry Potter*. Aber auch andere Publikumsverlage könnten ohne ihre Bestseller nicht leben. Dies gilt für den Zsolnay Verlag mit Starautor Henning Mankell ebenso wie für Diogenes mit Paulo Coelho und Donna Leon, für den Suhrkamp Verlag mit Hermann Hesse und Isabel Allende und erst Recht für die belletristischen Verlage der Verlagsgruppe Random House, zu denen mittlerweile Heyne, Luchterhand, C. Bertelsmann, Knaus, Blanvalet, Goldmann, btb und andere gehören.

Bestseller werden regelmäßig in Form von Listen der Öffentlichkeit zugänglich gemacht. Die bekannteste ihrer Art dürfte die SPIEGEL-Bestsellerliste sein, die Hardcover in den Bereichen Belletristik und Sachbuch erfasst. Sie und die Gong Taschenbuch-Bestsellerliste werden von dem Dortmunder Unternehmen Harenberg erstellt und auch in der Zeitschrift Buchreport veröffentlicht. Die Daten erhält Harenberg von über 300 kooperierenden Buchhandlungen, die Woche für Woche ihre per Scanner-Kassen erfassten Titelumsätze zur Verfügung stellen. Ähnliche Verkaufslisten werden unter anderem durch Media Control GfK International recherchiert und erscheinen in Publikumszeitschriften wie *Stern* oder *Focus*.

„Gegen Bestseller wäre kaum etwas einzuwenden«, meinte einmal der langjährige dtv-Verleger Heinz Friedrich, „wenn sie nicht zum Maßstab literarischen oder buchhändlerischen Erfolges erhoben würden.« Als Reaktion auf reine Verkaufslisten entstanden so genannte Bestenlisten. Hier ist nicht der Absatz die entscheidende Größe, sondern das Votum von Kritikern. Als Beispiele seien die Bestenliste des SWR und die Hörbuch-Bestenliste genannt; letztere wird federführend vom HR2 verantwortet.

Rund 17.000 Verlage werden im *Adressbuch für den deutschsprachigen Buchhandel* aufgeführt. Doch nicht alle sind für den Handel relevant. Die Großhändler der Branche führen Titel von nur ca. 3.500 Verlagen und im Börsenverein des Deutschen Buchhandels sind nur rund 1.800 Verlage Mitglied. Im realen Buchhandelsleben reduziert sich die Anzahl der Verlage in dem Maße, wie groß bzw. klein die Buchhandlung ist. So kommen kleine Buchhandlungen mit 50 qm Verkaufsfläche mit acht bis zwölf Partnerverlagen für ihr Lagergeschäft aus. Die Titel anderer Verlage werden eben über den Großhandel besorgt.

Ob ein Buch nun zum Bestseller wird oder auch nicht, darüber entscheiden zum Glück nicht nur die Marketingstrategen in den Verlagen, sondern auch die Verkaufsempfehlungen der Buchhändler. Deshalb versuchen vor allem die Publikumsverlage einen guten Draht zum Buchhandel herzustellen. Hierzu gehören nicht nur die Besuche durch deren Vertreter und ein regelmäßiger Newsletter-Versand, sondern auch kostenlose Leseexemplare, damit sich die Einkäufer und Verkäufer in den Buchhandlungen bereits vor Erscheinen einen Eindruck von künftigen Bestsellern machen können. Aber zum Glück gibt es nicht nur Bestseller. Höchstens 5 Prozent Umsatz wird mit ihnen gemacht. Der Hauptanteil des Umsatzes wird mit einem individuell zusammengestellten Sortiment erreicht.

1.3
Internationaler Lizenzmarkt

»Bücher sind bessere Freunde als Menschen, denn sie reden nur, wenn wir wollen, und schweigen, wenn wir anderes vorhaben.« FREIHERR VON MÜNCHHAUSEN

7.574 der im Jahr 2003 neu erschienenen Erstauflagen waren Übersetzungen in die deutsche Sprache. 49,3 Prozent dieser Übersetzungen kamen aus dem englischen Sprachraum. Weitere bedeutende Herkunftssprachen sind französisch, russisch, italienisch, schwedisch, niederländisch und spanisch. Zahlenmäßig bedeutsam sind die belletristischen Übersetzungen: 31 Prozent aller Romane sind aus einer Fremdsprache übersetzt - das sind 38,1 Prozent aller übersetzten Titel. Kinder- und Jugendbücher sind zu 23,8 Prozent Übersetzungen und stehen für 15,3 Prozent aller übersetzten Titel.

Im Jahr 2003 wurden für deutsche Werke 7.022 Lizenzen in 65 Länder vergeben. Allerdings ist diese Zahl nicht mit den Übersetzungen ins Deutsche zu vergleichen, weil eine entsprechende Umfrage des Börsenvereins nur auf freiwilligen Angaben beruht. Interessant ist jedoch, in welche Länder die meisten Lizenzen exportiert wurden. China lag mit 660 Lizenzen knapp vor Korea mit 629; gefolgt von Polen, Spanien, Tschechien, England, Italien, den Niederlanden, Frankreich, Russland und weiteren 63 lizenznehmenden Staaten. Bei der Lizenznahme liegen übrigens deutsche Kinder- und Jugendbücher mit 21,3 Prozent der Titel mit Abstand an erster Stelle.

1.4
Buchhandel aus Verbrauchersicht

»Eine seltsamere Ware als Bücher gibt es wohl schwerlich in der Welt. Von Leuten gedruckt, die sie nicht verstehen; von Leuten verkauft, die sie nicht verstehen; gebunden, rezensiert und gelesen von Leuten, die nichts davon verstehen; und nun gar geschrieben von Leuten, die sie nicht verstehen.«
GEORG CHRISTOPH LICHTENBERG

Im Kanon der 40 beliebtesten Freizeitbeschäftigungen stand im Jahr 2003 Bücher lesen an achter Stelle. Hier die TOP 12 aus der *VerbraucherAnalyse 2003*, die Bauer Media durchgeführt hat; nach ihr haben sich die Zustimmungswerte zum Bücherlesen sogar leicht verbessert. Kein Platz also für kulturelle Negativszenarien. Das Buch ist im Bewusstsein der Bevölkerung fest verankert.

Freizeitbeschäftigungen	Diese Freizeitbeschäftigung macht man besonders gern (Angaben in Prozent)
Musik hören	40,6
Fernsehsendungen sehen (keine Videofilme)	36,7
Tageszeitungen lesen	30,7
Gut essen gehen	26,9
Parties feiern, mit Freunden zusammen sein	23,5
Auto fahren	20,1
Grillen, Picknick im Freien	19,9
Bücher lesen	**18,8**
Zeitschriften lesen	16,7
Rad fahren	15,4
Gartenarbeit, Pflanzen	14,1
Ausgehen (Tanzlokal, Diskothek, Bar)	12,9

Zitiert nach: Buch und Buchhandel in Zahlen 2004, Seite 8

Natürlich variiert das Interesse an Büchern je nach Alter, Schulbildung, Haushaltseinkommen, Berufstätigkeit und Wohnortgröße, wie die Allensbacher Marktanalyse Werbeträger-Analyse belegen kann, die auf der folgenden Seite wiedergegeben ist. Bücher werden aber nicht nur gekauft, sondern auch genutzt. Wiederum kommt die Allensbacher Werbeträger-Analyse zu interessanten Ergebnissen. Den 40 Prozent der Bevölkerung, die keine Bücher kaufen, entsprechen ungefähr die 42 Prozent der Bundesbürger, die Bücher nur einmal im Monat oder noch seltener nutzen. Die aufgrund dieser und ähnlicher Marktanalysen herausgefilterten Gruppen der häufigen Bücherleser/Bücherkäufer sind Frauen sowie Personen mit höherer Schulbildung und höherem Einkommen.

1.5
Sortimentsbuchhandel

»Für diejenigen von uns, die in Buchläden arbeiten, diesen Hunderttausenden von Buchläden, die in ihrer staubigen Glorie auf der Oberfläche unseres Planeten verstreut sind, hat dieser Job etwas seltsam Romantisches. [...] Und für die unter uns, die diese Romantik leben – gewöhnlich als etwas, in das man hineinrutscht, etwas zwischen einem One-Night-Stand und einer provisorischen Leidenschaft auf dem Weg zu etwas Passenderem –, könnte nichts weniger romantisch sein als dieser Job selbst. Das Verpacken und Auspacken. Die ständige Sorge über die laufenden Kosten. Die Debitoren und Kreditoren.«   MATT COHEN

Deutschland hat eine große Dichte an Buchhandlungen. Auf 17.000 Einwohner kommt eine Buchhandlung. In den USA sind es im Vergleich hierzu 270.000 Einwohner pro Buchhandlung. Rund 33.200 Beschäftigte

im Einzelhandel mit Büchern und Fachzeitschriften gab es laut einer Berechnung des Statistischen Bundesamtes 2003 im Jahresdurchschnitt. Im
selben Jahr gab es nach einer Zählung des Deutschen Industrie- und
Handelskammertag (DIHK) 2.328 Ausbildungsverhältnisse.

In den vergangenen Jahren zeichnete sich eine zunehmende Konzen-
tration auf dem Buchmarkt ab. Der Marktanteil der 100 größten Firmen
wächst ständig und erreicht die Größenordnung der rund 90 Prozent aller Buchhandelsbetriebe, die einen Umsatz von bis zu 1 Million Euro erreichen. Insgesamt gibt es 7.200 Buchhandlungen in der Bundesrepublik,
die vom Alt-Bundeskanzler Helmut Schmidt einmal als »Netz geistiger
Tankstellen« bezeichnet worden sind. Aber die These »Die Großen fres-
sen die Kleinen« greift zu kurz. Nicht zwangsläufig verdrängen die
Großen die Kleinen, eher die Schnellen (die pfiffigen, agilen und inno-
vativen Betriebe) die Langsamen. So gibt es viele kleine Betriebe, die aufgrund einer Spezialisierung und Nischenbildung rentabel arbeiten. Denn
die entscheidende Frage ist für alle Unternehmen dieselbe: »Warum ist es
für Kunden in meinem Einzugsbereich von Vorteil und von Nutzen, sich
für meine Buchhandlung zu entscheiden?« Allein diese Frage muss be-
antwortet werden. Zur Beantwortung dieser Frage gehört nicht nur die
Auswahl der richtigen Verlagspartner oder die Auswahl des Sortiments,
sondern auch eine angenehme Einkaufsatmosphäre, Mitarbeiter, die auf

Die umsatzstärksten buchhändlerischen Betriebe (Geschäftsjahr 2004)

	Firmen	Firmensitz	Umsatz in Mio. €	Verkaufs-stellen	Verkaufsfläche in m² insgesamt
1	Thalia	Hagen	448,6	131	109.900
2	Weltbildplus	München	242,0	279	47.500
3	Hugendubel	München	226,5	33	47.905
4	Karstadt/Hertie	Essen	132,5	230	20.500
5	Mayersche	Aachen	110,0*	10	27.300
5	Schweitzer Sortiment	München	110,0*	21	3.796
7	Kaufhof	Köln	87,0	118	17.000
8	Libro	Guntramsdorf	75,1	205	k. A.
9	Orell Füssli	Zürich	73,1	11	8.200
10	Gondrom	Kaiserslautern	69,9	31	22.062
11	Buch und Kunst	Dresden	66,9	40	29.795
12	Weiland	Lübeck	62,0*	23	21.300
13	Lehmanns	Heidelberg	58,0	30	7.517
14	Buch Habel	Darmstadt	57,5	20	17.700
15	Morawa & Styria	Wien	46,9	23	6.145

*geschätzte Zahlen

Zitiert nach: buchreport.magazin, 3/2005, S. 23–25

Kunden eingehen können, der Umfang des kulturellen Engagements und vieles Anderes mehr.

Branchenprimus war lange Zeit das Familienunternehmen Hugendubel, das im Jahr 2003 seine 31. Filiale eröffnete. Überholt wurde es inzwischen von der Douglas-Holding bzw. der Douglas-Tochter Thalia, die in der Bundesrepublik und im angrenzenden Ausland auf Expansionskurs ausgerichtet ist. ›Filialsüchtig‹ ist auch Weltbildplus, ein Joint Venture des seinerzeit größten Einzelhändlers Hugendubel mit dem größten Versandunternehmen Weltbild. Hier ist die Filialanzahl bereits auf über 280 gestiegen – Tendenz steigend. Die Übersicht auf Seite 19 mag einen Einblick von dem ›Innenleben‹ der Großen vermitteln.

Internetbuchhandel

Durch den rasanten Aufschwung der New Economy bangten alteingesessene Buchhändler um ihre Kundschaft. Es wurde befürchtet, dass sich der Buchhandel so sehr aufs elektronische Netz verlagert, dass stationäre Buchhandlungen schließen müssten. Heute wird die Online-Konkurrenz zu Recht weit nüchterner betrachtet. Zwar gibt es bei einzelnen Firmen weiterhin zweistellige Zuwachsraten im Online-Geschäft, aber Experten gehen davon aus, dass diese Kurve sich zunehmend verflachen wird. Grund: das Einkaufsverhalten. Studien aus dem Bereich des Versandhandels – und der Internetbuchhandel ist nichts anderes als eine moderne Spielart des Versandbuchhandels – gehen davon aus, dass die Bundesbürger nur 10 Prozent ihrer Einkäufe über Versandunternehmen tätigen. Damit ist dem Internetbuchhandel eine scheinbar ›natürliche‹ Grenze gesetzt – es sei denn, das Einkaufsverhalten der Deutschen verändert sich grundlegend zugunsten des Online-Shoppings. Der Verkauf über das Netz mag zwar reizvoll, verlockend und manchmal auch sinnvoll sein, aber eines vermag selbst *amazon.de* nicht: das haptische Element beim Buchkauf vergessen machen, d. h. das In-die-Hand-Nehmen oder das Über-das-Papier-Streichen des Käufers in einer Buchhandlung.

Das bedeutet aber nicht, dass klassische Buchhandlungen das Geschäft via Internet kampflos den reinen Internetbuchhändlern überlassen. Auch bei ihnen kann der Verkauf übers Netz eine beträchtliche Rolle spielen. Zwar erreichen nur wenige Betriebe einen Umsatzanteil von über 5 Prozent, aber für viele Buchhandlungen ist einfach der Service-Aspekt entscheidend: für ihre Kunden 24 Stunden rund um die Uhr erreichbar zu sein.

Übrigens erstellt der Buchhändler die bibliografischen Datenbanken, die hinter seinem Webauftritt stehen, nicht alleine. Er bedient sich vielmehr so genannter Gemeinschaftsplattformen von Großhändlern und anderen Datenbankanbietern. Reinschnuppern und begutachten kann man diese Datenbanken auch ohne in einer Buchhandlung zu arbeiten. Als Endkundenversionen sind sie unter www.buchhandel.de, www.buchkatalog.de oder www.libri.de einsehbar. Wenn es zum Bestellen geht, sind die Buchhandlungen, die sich der jeweiligen Plattform angeschlossen haben, aufgeführt.

Eine Schlussbetrachtung ist vielleicht nicht unwichtig. Manche Internetbuchhändler verlangen vom Kunden – bis zu einem bestimmten Warenwert – die Übernahme von Versandkosten oder eine Versandkostenpauschale. Damit ist allerdings auch der Nutzen für den Käufer geschmälert, der nun für sein über das Internet bestelltes Buch mehr Geld als im Buchladen bezahlen muss. Zwar kann man sich über die Möglichkeit freuen, per Internet 24 Stunden am Tag seine Ware bestellen zu können, doch schneller als in der Buchhandlung geht es deshalb nicht. Das Bestellsystem über die Buchhandlungen ist in Deutschland dermaßen gut organisiert, dass man selbst auf Langeoog sein Buch nach wenigen Tagen erhält. 95prozentig ist das gewünschte Werk bereits am nächsten Tag da.

Bücher und mehr

Literatur zum Hören erfreut sich immer größerer Beliebtheit und wird zunehmend aufwändiger produziert. Man denke nur an die Box vom *Herrn der Ringe*, die sich über elf CDs erstreckt oder an *Harry Potter* mit der hervorragenden Stimmenvielfalt des Schauspielers Rufus Beck. Viele Verlage starteten eigene Hörbuchreihen, ein Zeichen, dass die Branche auf das auditive Medium setzt. Aber nicht nur Hörbücher oder Audiobooks runden das Sortiment einer Buchhandlung ab. Je nach Kundeninteressen, dem eigenen Angebotsprofil und der Konkurrenz am Ort wird so manche Ware an der Kasse verkauft, an die man zunächst nicht denkt. Diversifikation heißt dies in der Fachsprache, wenn mit neuen Produkten neue Käuferschichten angesprochen und erreicht werden sollen. So können in einer gut sortierten Kinder- und Jugendbuchabteilung Spiele, Plüschtiere, Holzspielzeug und Glaskugeln ebenso angeboten werden wie Duft- und Aromastoffe, Tarotkarten, Steine und Pendel in einer größeren Esoterik-Abteilung.

Die Handelsgegenstände des Buchhandels sind demnach weit gestreut. Neben klassischen Printmedien wie Bücher, Zeitschriften, Nachschlagewerke, Landkarten, Atlanten, Globen, Kalender oder Musiknoten können diese auch Kunstblätter, Tonträger, Lehr- und Lernmittel oder Multimedia-Produkte in Gestalt von CD-ROMs oder DVDs sein. Selten verschließt sich der Buchhandel neuen Produkten – alte und neue Medien werden zwanglos zusammen angeboten.

Auf der Frankfurter Buchmesse 2001 wurde die Entwicklung elektro-
nischer Bücher, so genannter E-Books, als Revolution gefeiert. Mit den E-
Books werden Inhalte (Content) von Büchern nicht mehr auf Papier gedruckt, sondern stehen stattdessen als Datenmaterial zur Verfügung.
Über das Internet können solche elektronischen Werke gegen Bezahlung
geordert werden, die dann für Computer, Laptop, Handheld oder spezielle E-Book-Lesegeräte zur Verfügung stehen. Ob hier allerdings die Zukunft des verbreitenden Buchhandels liegt, ist wenig wahrscheinlich.
Denn bereits heute bieten Fachverlage das Downloaden einzelner Zeit-
schriften- oder Fachartikel gegen Gebühr in eigener Regie an. Aber wer
weiß das schon?

Vielleicht wird der Buchhändler eines Tages nicht nur zu einem ›Me-
dienhändler‹, sondern auch zu einem ›Informations-Broker‹, der für die
Verbreitung und Vermittlung jeglicher Art von Informationen, Wissen,
Bildung und Literatur zuständig ist. Eines ist hoffentlich klar geworden:
Buchhändler ist kein ›verstaubter‹ Beruf, sondern ein moderner und zeit-
bezogener wie kaum ein anderer. Handeln Buchhändler doch mit Waren,
die sich ständig mit aktuellen Zeitströmungen, modernen Ideen oder Be-
arbeitungen klassischer Inhalte auseinandersetzen. Wobei die Auseinan-
dersetzung in ständiger Kommunikation mit den Kunden, die eine Buchhandlung betreten, vollzogen wird. Dies verlangt Offenheit, Freundlichkeit und das Eingehen-Können auf die vielfältigen Bedürfnisse unter-
schiedlichster Menschen – eine Herausforderung, die nicht nur in hohem
Maße die eigene Persönlichkeit formt, sondern auch einfach nur Spaß
macht.

2
Was Auszubildende wollen

»Man wendet seine Zeit immer gut auf eine Arbeit, die uns täglich einen Fort-schritt in der Ausbildung abnötigt.« JOHANN WOLFGANG VON GOETHE

Was wollen Auszubildende im Buchhandel? Was bewegte sie dazu, diese Ausbildung zu beginnen, wo liegen Ihre Interessen? Diese Fragen stellten die Autoren 368 Auszubildenden im deutschen Buchhandel im Februar 2002. Wir wollten herauszufinden, was Auszubildende von Ihrer Lehre erwarten, was sie kritisieren oder wie sie ihre Perspektiven einschätzen. Ähnliche Umfragen aus jüngster Zeit lagen leider nicht vor und sind in der Folgezeit auch nicht gemacht worden.

Im Folgenden werden die wichtigsten Ergebnisse im Überblick vorgestellt. Auf eine auf besondere grafische Darstellung wird verzichtet. Die vollständige Untersuchung liegt der Abteilung Berufsbildung des Börsenvereins vor.

2.1
Warum wollen Azubis Buchhändler werden?

»Je weniger Ausbildung, je mehr Einbildung.« SPRICHWORT

Was uns natürlich zuerst interessierte, war die Frage, warum junge Menschen den Ausbildungsberuf Buchhändler ergreifen. Verwunderlich ist das Ergebnis eigentlich nicht. Denn 90 Prozent gaben an, aus Interesse an der Literatur den Ausbildungsberuf ergriffen zu haben. Das zweite wesentliche Motiv war mit 66 Prozent die Freude am Umgang mit Kunden. Damit sind direkt zwei wesentliche Gesichtspunkte genannt, nach denen Buchhandlungen Mitarbeiter aussuchen.

Andere Beweggründe wie hohe Arbeitsplatzgarantie, gute Ausbildungsvergütung und gute Karrierechancen wurden dagegen vergleichsweise selten genannt.

2.2
Was lesen Azubis gern?

»Kein Lesen ist der Mühe wert, wenn es nicht unterhält.«

WILLIAM SOMERSET MAUGHAM

Die häufigste Antwort auf die Frage nach den Motiven, eine Lehre im Buchhandel anzufangen, nämlich ›Interesse an Literatur‹, sollte uns bei der Umfrage weiter beschäftigen. Da wir bereits im Vorfeld davon ausgegangen waren, dass die Freude am Lesen die Hauptmotivation der Auszubildenden im Buchhandel ist, wollten wir auch wissen, was die jungen Menschen gerne lesen. Obwohl auf die Frage nach den drei Lieblingsbüchern über 750 Titel zusammen kamen, kann man doch einigermaßen repräsentative allgemeine Aussagen über die Leseinteressen von Auszubildenden im Buchhandel treffen. Es lässt sich sogar eine Art ›Bestenliste‹ erstellen, da einige Werke von unterschiedlichen Befragten mehrfach genannt wurden.

Mit weitem Abstand liegt die Fantasy-Trilogie *Herr der Ringe* von J.R.R. Tolkien vorn. Diese Prominenz verdankt das 1966 im englischen Original erstmals erschienene Werk wahrscheinlich der jüngsten Verfilmung. Zudem erschien im Jahr 2001 eine Neuübersetzung der Trilogie. Auch *Das Parfum* von Patrick Süskind ist als zweiter ›Topscorer‹ keine Überraschung, denn es führte im Jahr seines Erscheinens (1985) monatelang die Bestsellerlisten an. Bemerkenswert an dieser Auswahl, die in ihrem ganzen Umfang nicht wiedergegeben werden kann, ist, dass es sich bei fast allen mehrfach genannten Werken um Bestseller und Neu-Erscheinungen oder Neu-Auflagen der letzten Jahre handelte.

Mit der Ausnahme von Jerome D. Salingers *Der Fänger im Roggen* gehört auch keines der genannten Werke zum schulischen Kanon. Offenbar konnte die Schule keine anhaltende Begeisterung für klassische Texte von Goethe, Kleist und Schiller oder moderne Klassiker wie Brecht oder Kafka wecken. Nur vereinzelt gaben die befragten Auszubildenden Shakespeare oder Goethe als bevorzugte Autoren an. So wundert es auch nicht, dass neben J.R.R. Tolkien und Patrick Süskind Autorennamen wie Henning Mankell, Ken Follett, Hermann Hesse und Wolfgang Hohlbein vertreten sind. Die häufige Nennung von Kinderbuchautoren wie Astrid Lindgren oder Michael Ende als Lieblingsbücher spricht für eine hohe Wertschätzung von Kinder- und Jugendliteratur unter Auszubildenden. Letztlich kann man sagen, dass sich Azubis in ihrer Mehrzahl an die Bücher mit hohem Unterhaltungswert halten, die in den meisten Buchhandlungen auch einen Großteil des Umsatzes ausmachen.

2.3
Die Interessen im Sortiment

*»Streng genommen hat nur eine Sorte Bücher das Glück unserer Erde vermehrt:
die Kochbücher.«*   JOSEPH CONRAD

Die Frage lautet nun, wie sich das Interesse am Lesen auf die Vorlieben
im Sortiment auswirkt? Nach unserer Umfrage lesen Auszubildende im
Buchhandel durchschnittlich 3,86 Bücher im Monat, was fast einem
Buch pro Woche entspricht. Bedenkt man, dass Azubis während ihrer
Arbeitszeit nicht zum Lesen kommen dürften, ist das beachtlich. Letztlich aber gehört es zu den Voraussetzungen des Berufsbildes, in der Freizeit viel zu lesen. Wie zu erwarten war, interessieren sich die meisten
Azubis für Belletristik Taschenbuch (68 Prozent) und Belletristik Hardcover (58 Prozent), dicht gefolgt von Kinderbüchern (51 Prozent), Sach-
büchern mit 31 Prozent (hierbei vor allem mit den Themen Geschichte,
Biografien, Reise und Kochen) und Ratgebern mit 26 Prozent. Man kann
also sagen, dass die Interessen von Auszubildenden sehr weit gefächert
sind.
  Natürlich widmet sich die Ausbildung zum Buchhändler weniger den
Inhalten der Lektüre, sondern vielmehr Fragen des Verkaufens in der
Buchhandlung oder dem eigentlichen Kaufmännischen Bereich. So fragten wir die Auszubildenden, für welche Arbeitsbereiche in der Buchhandlung sie sich am meisten interessieren. Die größte Begeisterung ist
für den Verkauf festzustellen. 76 Prozent votierten für diesen Bereich. Mit
51 Prozent folgte das Bestellwesen. Lediglich zehn Prozent hingegen
ließen eine Vorliebe für die Buchhaltung erkennen. Offenbar gilt dies den
meisten als zu trocken.

2.4
Der Wunsch-Ausbildungsplatz

*»Eine allgemeine Ausbildung dringt uns jetzt die Welt ohnehin auf, wir brauchen
uns deshalb darum nicht weiter zu bemühen; das Besondere müssen wir uns
zueignen.«*   JOHANN WOLFGANG VON GOETHE

Jeder weiß: Wunsch und Realität klaffen zuweilen auseinander. Zunächst
wollten wir von den Befragten wissen, ob sie anstrebten, ihre Ausbildung
eher in einem kleinen Sortiment, in einer großen Buchhandlung oder in
einer Filiale einer Buchhandelskette zu machen. Dabei haben wir keine
Umsatzgrößenklassen vorgegeben, weil es uns hier rein um die emotio-
nale Richtung der Antworten ging, und wir außerdem unterstellten, dass

die Auszubildenden vor Beginn ihrer Lehre die Umsatzgrößenklassen von Buchhandlungen ohnehin nicht hätten einschätzen können. Das Ergebnis ist deutlich. 52 Prozent hatten den Wunsch, die Ausbildung in einer kleinen Buchhandlung zu beginnen. 27 Prozent der Befragten hatten eine große Buchhandlung, und nur 15 Prozent eine Buchhandelskette als Ausbildungsplatz im Auge.

Doch konnten diese Ausbildungswünsche nicht für jedermann erfüllt werden. Letztlich sind doch mehr in einer großen Buchhandlung (über 2,5 Millionen Euro Umsatz) untergekommen, als es der Befragung zufolge ursprünglich vorhatten (27 Prozent). Doch immerhin traten 41 Prozent ihre Ausbildung in einem kleineren Sortiment (bis eine Million Euro Umsatz) an. Sicher ist aber, dass viele Azubis entgegen ihren ursprünglichen Präferenzen ihre Lehre in einer Filialbuchhandlung absolvieren. Das ist nur natürlich, denn filialisierte Buchhandlungen stellen weitaus mehr Ausbildungsplätze zur Verfügung als kleine Buchhandlungen ohne Filialen.

Ausbildung in Filialunternehmen

Wie ist es zu erklären, dass angehende Auszubildende offenbar Vorurteile gegenüber Filialbuchhandlungen haben? So fragten wir Azubis nach ihren Gründen dafür, warum sie nicht in eine Filialbuchhandlung/Buchhandelskette wollten. Die meisten Befragten (41 Prozent) fürchteten eine große Anonymität im Ausbildungsbetrieb. 16 Prozent erschien das Sortiment insgesamt zu unübersichtlich. Und immerhin zwölf Prozent der Befragten gingen davon aus, dass die Ausbildungsqualität schlechter sei als in einer kleineren Buchhandlung.

Ob diese Vorurteile begründet sind, können wir hier natürlich nicht ermitteln. Dies ist auch nicht die Aufgabe dieses Azubi-Ratgebers. Verschiedene Menschen haben unterschiedliche Meinungen. Wir fragten bei großen Buchhandelsketten an und erhielten freundlicherweise auch Antworten. Stellvertretend möchten wir die Statements der ehemaligen Ausbildungsleiterin von Hugendubel aus dem Jahr 2001 wiedergeben.

Frage   Sind die Bedenken der Auszubildenden berechtigt?

Monika Hippe   Eine gewisse Anonymität besteht sicher im Hinblick auf das gesamte Unternehmen mit mehreren hundert oder tausend Mitarbeitern. Innerhalb der Abteilungen ist jedoch der persönliche Kontakt zu den Kolleginnen und Kollegen auch in einer großen Buchhandlung sehr wichtig. Ein großes Sortiment ist nicht zwangsweise unübersichtlich. Dies hängt stark von der Strukturierung und der Präsentation ab. Die Qualität der Ausbildung hängt nicht von der Größe der Buchhandlung ab, sondern von den Ausbildungsinhalten und den Menschen, die diese

Inhalte vermitteln. Qualitätsunterschiede gibt es in großen wie in kleinen Buchhandlungen.

Frage Welche Chancen bietet eine Ausbildung in einer Buchhandelskette wie Hugendubel gegenüber einer kleineren Buchhandlung?

Monika Hippe Vorteile einer Ausbildung in einem gut ausbildenden großen Unternehmen sind: höhere Chancen auf Übernahme nach der Ausbildung, gute Aufstiegsmöglichkeiten, erhöhte Arbeitsplatzchancen durch Bekanntheitsgrad des Ausbildungsunternehmens und bessere Sortimentskenntnisse durch ein breiteres Angebot.

Berufswünsche

Nicht jeder absolviert eine Ausbildung, um dann auch notwendigerweise in der ausbildenden Branche zu arbeiten. Dafür gibt es unterschiedliche Gründe. Manche wollen überhaupt irgendeine Lehre beginnen, um später eine fertige Ausbildung vorweisen zu können. Andere nutzen die Ausbildungszeit zur Orientierung und wollen im Anschluss beispielsweise ein Studium aufnehmen. Bei Auszubildenden im Buchhandel besteht eine hohe Affinität zur Branche. Immerhin 54 Prozent der Befragten wollen im direkten Anschluss an ihre Ausbildung als Angestellte in einer Buchhandlung arbeiten. Sechs Prozent denken gar daran, selbst eine Buchhandlung zu eröffnen. Weitere 11 Prozent bleiben der Buchbranche ebenfalls verhaftet – sie streben an, im Verlag zu arbeiten. Doch wollen auch immerhin 25 Prozent der Befragten nach der Ausbildung studieren, was gemessen am hohen Anteil an Abiturienten unter den Auszubildenden im Buchhandel nicht verwunderlich ist. Von diesen wiederum will etwa die Hälfte der Branche auch nach dem Studium treu bleiben, während die andere Hälfte sich fachlich vollkommen anders orientiert. Rund 75 Prozent der Auszubildenden haben Abitur, Fachabitur, ein abgeschlossenes Studium oder gehören zu den Studienabbrechern.

3
Ausbildungsinhalte in Schule und Betrieb

»Soll man ungelehrte Leute nicht lehren, so wird niemals einer unterrichtet,
und es weiß niemand zu lehren, zu leben und zu sterben.«   MEISTER ECKART

Der Beruf des Buchhändlers ist eine kaufmännische Tätigkeit. Zu den
wichtigsten Aufgaben gehören Einkauf, Verkauf und absatzorientiertes
Denken. Buchhändler arbeiten in Buchhandlungen, Buchverlagen, An-
tiquariaten und im Zwischenbuchhandel. Wir konzentrieren uns hier auf
die Ausbildung zum Sortimentsbuchhändler. Die Ausbildung setzt mindestens den Hauptschulabschluss voraus und dauert drei Jahre. Diese
Zeit kann unter bestimmten Umständen verkürzt werden, worauf im Kapitel 3.5 näher eingegangen wird.

Das Prinzip der dualen Ausbildung

Wir sprechen in Deutschland von einem dualen Ausbildungssystem. Ein
Teil der Lehre erfolgt im Betrieb, der andere in einer staatlichen Berufsschule bzw. in der staatlich anerkannten Deutschen Buchhändlerschule
in Frankfurt-Seckbach, einer Bildungseinrichtung des Börsenvereins. Die
Ausbildung in der Schule umfasst 13 fächerübergreifende Lernfelder, die
innerhalb der drei Jahre in insgesamt 880 Schulstunden unterrichtet werden. 1998 wurde von der Kultusministerkonferenz (KMK) der Länder ein
neuer Rahmenlehrplan für die Ausbildung zum Buchhändler beschlos-
sen. Das Ziel der Neuformulierung des Rahmenplanes bestand darin, die
Ausbildung berufsbezogener zu gestalten. „Die Berufsschule hat eine
Grund- und Fachbildung zum Ziel und erweitert die vorher erworbene
allgemeine Bildung«, so die KMK. Eine Maxime der schulischen Ausbildung besteht also darin, das schulische Wissen so in den Kontext der
praktischen Arbeit im Betrieb zu integrieren, dass beide Ausbildungstei-
le ineinander greifen.
   Der innerbetrieblichen Ausbildung liegt ein bundeseinheitlich ver-
bindlicher Ausbildungsrahmenplan zu Grunde, in dem festgeschrieben
ist, welche Fähigkeiten und Kenntnisse in den Betrieben vermittelt wer-

den sollen. Diese richten sich selbstverständlich nach den Ausbildungs-
schwerpunkten Sortiment, Verlag oder Antiquariat. Trotzdem sind berufliche Fähigkeiten definiert, die alle Buchhändler nach der Ausbildung be-
herrschen sollen. Das Ausbildungsprofil sieht folgende berufliche Fähigkeiten vor. Buchhändler/innen

• stellen ein Sortiment von Büchern und anderen Medien aus den
  Angeboten der Verlage zusammen;
• präsentieren ihr Angebot;
• beraten Kunden über Bücher, Zeitschriften und elektronische Medien;
• verkaufen ihre Waren und Dienstleistungen;
• beobachten den Markt und wirken bei der Entwicklung von Marke-
  tingkonzepten mit;
• setzen Marketingkonzepte mit Hilfe von Öffentlichkeitsarbeit und
  Werbung um;
• bearbeiten Vorgänge im Rechnungswesen;
• setzen Arbeits- und Organisationsmittel ein;
• bibliografieren und recherchieren.

Für Buchhändler/innen mit dem Ausbildungsschwerpunkt Sortiment gilt
darüber hinaus: Sie

• treffen aus dem vielfältigen Verlagsangebot eine marktorientierte
  Auswahl;
• planen den Einkauf und führen ihn durch;
• kalkulieren nicht preisgebundene Waren;
• pflegen den Lagerbestand;
• führen Beratungs- und Verkaufsgespräche.

Buchhändler/innen mit dem Ausbildungsschwerpunkt Verlag

• entwickeln mit Autoren und Herausgebern Projekte;
• erarbeiten Verlagsverträge, wirken bei Kauf und Vergabe von Lizenzen
  mit;
• beurteilen und bearbeiten Manuskripte;
• betreuen die Gestaltung und Herstellung von Büchern und anderen
  Medien;
• berechnen Produktionskosten, kalkulieren Auflagenhöhe und Laden-
  preise;
• informieren und beliefern den Handel.

Es gibt so wenig Ausbildungsverhältnisse mit dem Ausbildungsschwerpunkt Antiquariat, dass auf diesen Zweig des Buchhandels in dieser Broschüre nicht näher eingegangen wird.

3.1
Ausbildungsverordnung

»Kurzum, der Lauf der Dinge mag so veränderlich sein wie eine dahineilende
Wolke, aber die Richtung muss so starr sein wie eine Landstraße in Frankreich.«

GILBERT KEITH CHESTERTON

Maßgebend für den formalen Ablauf der Lehrzeit ist eine Verordnung über die Berufsausbildung zum Buchhändler/zur Buchhändlerin. Diese wurde – basierend auf dem Berufsbildungsgesetz (BBiG) – am 5. März 1998 vom Bundesministerium für Wirtschaft im Einvernehmen mit dem Bundesministerium für Bildung, Wissenschaft, Forschung und Technologie in Kraft gesetzt. Die Verordnung besteht aus 10 Paragrafen, von denen die inhaltlich wichtigen eins bis acht im Folgenden vorgestellt werden – versehen mit Hintergrundinformationen und Erläuterungen, die eingezogen und in einer serifenlosen Schrift gesetzt sind. Für diese Kommentare diente uns die Broschüre *Buchhändler und Buchhändlerin – Erläuterungen und Praxishilfen zur Ausbildungsordnung*, herausgegeben vom Bundesinstitut für Berufsbildung. Die Broschüre wurde gemeinsam vom Börsenverein, der Gewerkschaft Handel, Banken und Versicherungen (HBV – heute: ver.di) sowie der Deutschen Angestellten Gewerkschaft (DAG – heute: ver.di) erstellt.

§ 1 Staatliche Anerkennung des Ausbildungsberufes
Der Ausbildungsberuf Buchhändler/Buchhändlerin wird staatlich anerkannt.

Staatliche Anerkennung bedeutet, dass die Berufsausbildung bundeseinheitlich geregelt ist. Auch die Berufsbezeichnung ist damit festgelegt und darf nur für diesen Ausbildungsgang verwendet werden. Zudem darf ein Buchhändler nur nach dieser Verordnung (§ 28 Abs. 1 BBiG) ausgebildet werden.

§ 2 Ausbildungsdauer
Die Ausbildung dauert drei Jahre.

Die Ausbildung endet mit dem Ablauf der Ausbildungszeit. Besteht der Auszubildende die Abschlussprüfung vor dem Ablauf der Ausbildungszeit, so endet das Ausbildungsverhältnis mit dem Datum des Bestehens der Abschlussprüfung. Wenn der Auszubildende nicht besteht, kann das Ausbildungsverhältnis – nach Antrag des Auszubildenden – bis zur nächsten Abschlussprüfung um höchstens ein Jahr (§ 14 BBiG) verlängert werden. Die Abschlussprüfung darf höchstens zwei Mal wiederholt werden. Beginn und Dauer der Ausbildung werden im Berufsausbildungsvertrag angegeben (§ 4 Abs. 1 BBiG). Man darf die Ausbildungszeit verkürzen, wenn ein vollzeitschuli-

scher Bildungsgang angerechnet werden kann (§ 29 Abs. 1 BBiG). Auch kann
der Lehrling seine Ausbildungszeit verkürzen, wenn seine Leistungen dies
rechtfertigen (§ 40 Abs. 1 BBiG). Die zuständige Stelle kann auf Antrag des
Auszubildenden die Ausbildungszeit begrenzen, sofern zu erwarten ist, dass
der Lehrling das Ausbildungsziel innerhalb der verkürzten Zeit erreicht (§ 29
Abs. 2 BBiG).

§ 3 Ausbildungsberufsbild

Im § 3 sind die Teile des Ausbildungsberufsbildes aufgelistet. Für unsere
Zwecke habe wir die ›Teile‹ um die Spalte »Zu vermittelnde Kenntnisse und
Fertigkeiten« ergänzt. Ferner ist das Ausbildungsjahr angegeben, in welchem
der entsprechende Inhalt dem Auszubildenden vermittelt werden soll.

Jahr*	Teil des Ausbildungsberufsbildes	Zu vermittelnde Fertigkeiten und Kenntnisse
1. Jahr	Der Ausbildungsbetrieb (§ 3 Nr. 1)	• Lehrgespräch
	Rechtsform und Struktur des Aus-bildungsbetriebes (§ 3 Nr. 1.1)	• Art und Rechtsform des Ausbildungsbetriebes darstellen • Zielsetzung, Tätigkeitsfelder und Aktivitäten des Ausbildungsbe-triebes herausstellen • Aufbauorganisation und Entscheidungsstrukturen des Ausbildungsbetriebes darstellen • die Zusammenarbeit des Ausbildungsbetriebes mit Kooperati-onspartnern, Wirtschaftsorganisationen, Behörden und Berufsvertretungen erläutern
	Stellung des Buchhandels in der Gesamtwirtschaft (§ 3 Nr. 1.2)	• die Aufgaben des Buchhandels in der Kulturwirtschaft erläutern • die Vielfalt von Lieferanten, Vertriebsstellen, Produkten und Inhalten beschreiben • Rechte und Pflichten, die sich aus der Preisbindung in Verbindung mit den Handelsbräuchen ergeben, begründen • Aufbau und kulturpolitische Aktivitäten der Branchenorgani-sation darstellen
	Berufsbildung (§ 3 Nr. 1.3)	• den betrieblichen Ausbildungsplan mit der Ausbildungsordnung vergleichen und zu seiner Umsetzung beitragen • die Rechte und Pflichten aus dem Ausbildungsverhältnis erläutern und die Aufgaben der Beteiligten im dualen System beschreiben • den Nutzen von Fortbildungsmöglichkeiten, insbesondere des branchenspezifischen Angebots für die persönliche und berufliche Entwicklung, erläutern
	Personalwesen (§ 3 Nr. 1.4)	• Handlungskompetenz der Mitarbeiter als wesentliche Voraussetzung für den Kundennutzen, den Unternehmererfolg und für die persönliche Entwicklung an Beispielen darstellen • für den Ausbildungsbetrieb wichtige tarifliche Regelungen sowie arbeits- und sozialrechtliche Bestimmungen erläutern →

*Ausbildungsjahr, sofern festgelegt

Jahr*	Teil des Ausbildungsberufsbildes	Zu vermittelnde Fertigkeiten und Kenntnisse
1. Jahr	Personalwesen (Fortsetzung)	• Mitbestimmungs- und Mitwirkungsrechte im Ausbildungsbetrieb erklären • für das Arbeitsverhältnis wichtige Nachweise aufzählen und die eigene Gehaltsabrechnung beschreiben • Kriterien für Personalplanung, Personaleinsatz und Arbeitszeitregelung des Ausbildungsbetriebes beschreiben
	Sicherheit und Gesundheitsschutz bei der Arbeit (§ 3 Nr. 1.5)	• Gefährdung von Sicherheit und Gesundheit am Arbeitsplatz feststellen und Maßnahmen zu ihrer Vermeidung ergreifen • berufsbezogene Arbeitsschutz- und Unfallverhütungsvorschriften anwenden • Verhaltensweisen bei Unfällen beschreiben sowie erste Maßnahmen einleiten • Vorschriften des vorbeugenden Brandschutzes anwenden; Verhaltensweisen bei Bränden beschreiben und Maßnahmen zur Brandbekämpfung ergreifen
	Umweltschutz (§ 3 Nr. 1.6)	• Zur Vermeidung betriebsbedingter Umweltbelastungen im beruflichen Einwirkungsbereich beitragen, insbesondere – mögliche Umweltbelastungen durch den Ausbildungsbetrieb und seinen Beitrag zum Umweltschutz an Beispielen erklären – für den Ausbildungsbetrieb geltende Regelungen des Umweltschutzes anwenden – Möglichkeiten der wirtschaftlichen und umweltschonenden Energie- und Materialverwendung nutzen – Abfälle vermeiden; Stoffe und Materialien einer umweltschonenden Entsorgung zuführen
	Gegenstände des Buchhandels (§ 3 Nr. 2)	• Gegenstände und Dienstleistungen des Buchhandels, insbesondere Bücher, Zeitschriften und elektronische Datenträger, unterscheiden • Kriterien, insbesondere literarischer, künstlerischer, wissenschaftlicher und technischer Art, für die qualitative Beurteilung des Angebots im Ausbildungsbetrieb anwenden • die für den Ausbildungsbetrieb wichtigen Standardwerke und ihre Verlage nennen
	Arbeitsorganisation (§ 3 Nr. 3)	
	Arbeitsabläufe und Arbeitstechniken (§ 3 Nr. 3.1)	• die Ablauforganisation im Ausbildungsbetrieb beschreiben • Zusammenarbeit aktiv gestalten und ausgewählte Aufgaben teamorientiert bearbeiten • betriebliche Arbeits- und Organisationsmittel fachgerecht handhaben • verschiedene Arbeitstechniken aufgabenorientiert einsetzen • fremdsprachige Fachbegriffe anwenden • im Ausbildungsbetrieb übliche fremdsprachige Informationen auswerten
	Informations- und Kommunikationssysteme, Datenschutz und Datensicherheit (§ 3 Nr. 3.2)	• Informations- und Kommunikationssysteme aufgabenorientiert einsetzen • Wirkung des Einsatzes von Informations- und Kommunikations-

*Ausbildungsjahr, sofern festgelegt   →

Jahr*	Teil des Ausbildungsberufsbildes	Zu vermittelnde Fertigkeiten und Kenntnisse
1. Jahr	Informations- und Kommunikations-systeme, Datenschutz und Datensicher-heit (Fortsetzung)	systemen auf die Arbeitsorganisation und die Mitarbeiter an Beispielen des Ausbildungsbetriebes beschreiben • Regelungen zum Datenschutz anwenden • Daten pflegen und sichern
2. Jahr	**Marketing** (§ 3 Nr. 4)	
	Marktanalyse und Marketingkonzept (§ 3 Nr. 4.1)	• Stellung des Ausbildungsbetriebes am Markt beschreiben • Marktdaten entscheidungsorientiert auswerten • die Zielgruppen des Ausbildungsbetriebes nach unterschiedlichen Kriterien feststellen • bei der Entwicklung des betrieblichen Marketingkonzepts mitwirken
	Programmpolitik, Sortimentspolitik (§ 3 Nr. 4.2)	• das Angebot des Ausbildungsbetriebes, insbesondere nach Marktausrichtung, Breite und Tiefe, unterscheiden • den Markt beobachten, bei Angebotsanpassungen mitwirken • Buchpreise und Möglichkeiten der Preisgestaltung als Instrument der Angebotspolitik beschreiben
	Werbung, Verkaufsförderung (§ 3 Nr. 4.3)	• Ziele und Inhalte des betrieblichen Werbeplans und den Zusammenhang mit dem Werbeetat erläutern • Einsatzmöglichkeiten von Werbemitteln und Werbeträgern für den Ausbildungsbetrieb begründen • bei der Erstellung und dem Einsatz von Werbemitteln mitwirken • Adressen beschaffen, auswerten und verwalten • an Verkaufsförderungsmaßnahmen mitwirken • bei der Erfolgskontrolle mitwirken; Werbemaßnahmen nach Art und Wirkungsweise mit denen der Mitbewerber vergleichen
	Einkauf (§ 3 Nr. 5)	
2. Jahr	Einkaufsplanung (§ 3 Nr. 5.1)	• die Faktoren Sortiments- und Programmpolitik, Werbung, Nachfrage, Angebot, Preise und Konditionen sowie aktuelle und saisonale Einflüsse bei der Einkaufsplanung des Ausbildungsbe-triebes berücksichtigen • Einkaufsmöglichkeiten hinsichtlich Konditionen, Lieferzeit, Produktinformation, Bündelung und Dienstleistungen beurteilen • betriebswirtschaftliche Kennzahlen, insbesondere Umsatz, Handelsspanne, Kosten, Lagerumschlagsgeschwindigkeit, bei Planung und Kalkulation anwenden • Waren beschaffen
1. Jahr	Wareneingang, Lagerorganisation (§ 3 Nr. 5.2)	• Ware annehmen • Lieferungen nach Art, Menge und auf offene Mängel prüfen; bei Beanstandungen die erforderlichen Maßnahmen einleiten • Rechnungen und Lieferscheine mit den Bestell- und Warenein-gangsunterlagen vergleichen; Differenzen klären • Rechnungen auf Richtigkeit prüfen; Unstimmigkeiten klären • Preise nicht preisgebundener Ware nach dem betrieblichen Kalkulationsschema ermitteln • Ware auszeichnen →

*Ausbildungsjahr, sofern festgelegt

Jahr*	Teil des Ausbildungsberufsbildes	Zu vermittelnde Fertigkeiten und Kenntnisse
1. Jahr	Wareneingang, Lagerorganisation (Fortsetzung)	• bei der Lagerverwaltung des Ausbildungsbetriebes mitwirken • Möglichkeiten der Lagerbewirtschaftung aufzeigen und die Lagerorganisation des Ausbildungsbetriebes begründen • Lagerbestände erfassen und kontrollieren
2. Jahr	Warenwirtschaft (§ 3 Nr. 5.3)	• Ziele und Aufbau der Warenwirtschaft des Ausbildungsbetriebes darstellen • Verkaufsdaten erfassen; bei Kontrolle und Auswertung mitwirken • branchenübliche Nummernsysteme anwenden
1. Jahr	Beschaffungsorganisation im Buchhandel (§ 3 Nr. 6)	• Bezugsformen, insbesondere Festlieferung, Lieferung mit Rückgaberecht und Fortsetzungslieferung, unterscheiden • die Konditionensysteme, insbesondere Rabatte und Zahlungskonditionen, anwenden • Bestellwege, Bestelltechniken und Bezugswege nach unterschiedlichen Kriterien auswählen • Handelsbräuche, insbesondere die Bestimmungen der Preisbindung und der Verkehrsordnung, anwenden • die Funktion von Messen und Verlagsvertretern erläutern • Bestellungen unter Berücksichtigung unterschiedlicher Preise bearbeiten und überwachen
2. Jahr	**Absatz** (§ 3 Nr. 7)	
	Kundenbedürfnisse, kundenorientierte Kommunikation, Beratung (§ 3 Nr. 7.1)	• für den Ausbildungsbetrieb wichtige Kundengruppen sowie deren Bedürfnisse und Kaufmotive ermitteln • Waren und Dienstleitungen des Ausbildungsbetriebes kundenorientiert anbieten • Regeln kundenorientierter Kommunikation anwenden • mündlich und schriftlich über das Angebot des Ausbildungsbetriebes informieren, Preise begründen • Kunden beraten
	Kundenservice (§ 3 Nr. 7.2)	• das Spektrum der buchhändlerischen Dienstleistungen des Ausbildungsbetriebes kundenorientiert einsetzen • Kundenbestellungen aufnehmen und bearbeiten • Reklamationen von Kunden entgegennehmen und situationsgerecht bearbeiten
	Sortimentspflege, Präsentation (§ 3 Nr. 7.3)	• bei der bedarfsgerechten Abstimmung des Sortiments mitwirken • die Warengruppensystematik des Buchhandels anwenden • Waren verkaufsfördernd präsentieren
	Verkaufsorganisation, Kassenführung (§ 3 Nr. 7.4)	• Geschäftsbedingungen, Lieferungs- und Zahlungsbedingungen des Ausbildungsbetriebes anwenden • Kassenvorgänge bearbeiten; bei der Kassenführung mitwirken
	Vertriebswege (§ 3 Nr. 7.5)	• die Vertriebswege des Ausbildungsbetriebes nutzen und mit anderen im Buchhandel gebräuchlichen vergleichen • Waren unter Berücksichtigung von Kundenwünschen sowie wirtschaftlichen und ökologischen Gesichtspunkten versenden

→

*Ausbildungsjahr, sofern festgelegt

Jahr*	Teil des Ausbildungsberufsbildes	Zu vermittelnde Fertigkeiten und Kenntnisse
2. Jahr	Vertriebswege (Fortsetzung)	• Bedeutung und Organisation des Rechnungsverkaufs und Versands im Ausbildungsbetrieb beschreiben
	Verlagswesen (§ 3 Nr. 8)	
	Verlagswirtschaft (§ 3 Nr. 8.1)	• die Bedeutung des Verlagswesens im Buchhandel beschreiben • wichtige Verlage und ihre Schwerpunkte nennen • die Funktionsbereiche im Verlag beschreiben • für den Ausbildungsbetrieb wichtige Urheber- und Verlagsrechte anwenden
	Herstellung (§ 3 Nr. 8.2)	• Aufbau von Büchern beschreiben, ihre Ausstattung bewerten • Schrift-, Papier- und Einbandarten unterscheiden • Satz-, Druck- und Bindetechniken unterscheiden
1. Jahr	**Bibliografie und Recherche** (§ 3 Nr. 9)	
	Bibliografien und Nachschlagewerke (§ 3 Nr. 9.1)	• das *Verzeichnis Lieferbarer Bücher* und die im Ausbildungsbetrieb üblichen Barsortimentskataloge, insbesondere nach Autoren, Titeln, Verlagen, Stichworten und Schlagworten, auswerten • die spezifischen Nutzungsmöglichkeiten unterschiedlicher Medien des Ausbildungsbetriebes bei der Recherche anwenden • für den Ausbildungsbetrieb wichtige Fach- und Spezialkataloge nutzen • versteckte Bibliografien nutzen • bibliografische Titelaufnahmen erstellen • Titellisten zusammenstellen
	Buchhändlerische Informationen (§ 3 Nr. 9.2)	• Fachpublikationen, insbesondere das *Börsenblatt*, auswerten • für die Beschaffung und das Angebot des Ausbildungsbetriebes wichtige Informationsquellen, insbesondere die Neuerscheinungslisten der Verlage, auswerten • Messeinformationen nutzen
3. Jahr	**Rechnungswesen, Controlling** (§ 3 Nr. 10)	
	Buchführung und Zahlungsverkehr (§ 3 Nr.10.1)	• Regelungen des Ausbildungsbetriebes zur Buchführung anwenden • Belege erfassen und kontieren • bei Vorbereitung und Auswertung der Inventur mitwirken • die Aufgaben der Buchhändler-Abrechnungs-Gesellschaft erläutern • Zahlungsvorgänge bearbeiten • Vorgänge des Mahnwesens bearbeiten
	Kosten- und Leistungsrechnung (§ 3 Nr. 10.2)	• Zweck und Aufbau der Kosten- und Leistungsrechnung des Ausbildungsbetriebes erklären • Kostenrechnungsvorgänge bearbeiten • an der Erfolgsrechnung mitwirken

*Ausbildungsjahr, sofern festgelegt

Jahr*	Teil des Ausbildungsberufsbildes	Zu vermittelnde Fertigkeiten und Kenntnisse
3. Jahr	Planungsrechnung und Controlling (§ 3 Nr. 10.3)	• Funktion des Controlling als Informations- und Steuerungsinstrument an Beispielen des Ausbildungsbetriebes erläutern • an der Planungsrechnung mitwirken • statistische Daten ermitteln, aufbereiten und auswerten

*Ausbildungsjahr, sofern festgelegt

Für den angehenden Sortimentsbuchhändler, das heißt für Buchhändler mit dem Ausbildungsscherpunkt Sortiment, sind weiterhin folgende Ausbildungsinhalte von Bedeutung.

Jahr*	Teil des Ausbildungsberufsbildes	Zu vermittelnde Fertigkeiten und Kenntnisse
	Programmpolitik, Sortimentspolitik (§ 3 Nr. 4.2)	• das Angebot des Ausbildungsbetriebes unter Berücksichtigung des Standorts, insbesondere der Lage und des Einzugsgebiets, beurteilen • Chancen und Risiken von Nebensortimenten und unterschiedlichen Medien für den Ausbildungsbetrieb erläutern • Buchpreise und Preisgestaltung als Instrument der Angebotspolitik einsetzen • Ergebnisse der Buchmarktforschung für Entscheidungen des Ausbildungsbetriebes aufbereiten
	Werbung, Verkaufsförderung (§ 3 Nr. 4.3)	• von der Branchenorganisation angebotene Verkaufsförderungsmaßnahmen einsetzen • regionale Möglichkeiten der Zusammenarbeit für die Leseförderung nutzen • bei der Organisation und Durchführung von Autorenlesungen des Ausbildungsbetriebes mitwirken • Titelzusammenstellungen für die Präsentation in unterschiedlichen Medien gestalten • Anzeigen entwerfen
3. Jahr	Einkaufsplanung (§ 3 Nr. 5.1)	• den Einkauf unter Berücksichtigung der Lagerumschlagsgeschwindigkeit unterschiedlicher Warengruppen planen • saisonale Verkaufsschwankungen des Ausbildungsbetriebes bei der Einkaufsplanung berücksichtigen • beim Einkauf die Zusammenhänge zwischen Lagerumschlagsgeschwindigkeit, Preis und Rabatt berücksichtigen
	Wareneingang, Lagerorganisation (§ 3 Nr. 5.2)	• bei Veränderungen der Lagerordnung mitwirken • Ware entsprechend der Lagerordnung des Ausbildungsbetriebes einräumen • den Lagerbestand pflegen, insbesondere Preisänderungen bearbeiten und Lagerbereinigungen durchführen • Remissionen und Verwertungsmaßnahmen auf Grund von Lagerbereinigungen durchführen

*Ausbildungsjahr, sofern festgelegt

Jahr*	Teil des Ausbildungsberufsbildes	Zu vermittelnde Fertigkeiten und Kenntnisse
3. Jahr	Warenwirtschaft (§ 3 Nr. 5.3)	• den Warenfluss artikelgenau und zeitnah erfassen • Umsatz- und Umschlagszahlen nach Titeln, Warengruppen und Lieferanten auswerten
	Beschaffungsorganisation im Buchhandel (§ 3 Nr. 6)	• den Barsortimentsanteil des Ausbildungsbetriebes begründen • die Bedeutung von Vertretern für den Ausbildungsbetrieb erläutern, Einkaufsgespräche führen • Fortsetzungen bestellen, überwachen und ausliefern • unterschiedliche Formen der Beschaffung wirtschaftlich einsetzen
	Kundenbedürfnisse, kundenorientierte Kommunikation, Beratung (§ 3 Nr. 7.1)	• Beratungs- und Verkaufsgespräche führen • verbale und nichtverbale Kommunikationsformen beurteilen und anwenden • das eigene Auftreten und Verhalten im Umgang mit Kunden bewerten • Verkaufsraum und Schaufenster gestalten, Waren präsentieren • Bücher, Fortsetzungen und Zeitschriften auf Kundenwunsch besorgen • Verkaufsbelege erstellen und kassieren • einen Kassenabschluss durchführen • Anschrift und Kreditwürdigkeit von Kunden prüfen • Kundenaufträge zusammenstellen, fakturieren und versenden

*Ausbildungsjahr, sofern festgelegt

§ 4 Ausbildungsrahmenplan

(1) Die Fertigkeiten und Kenntnisse nach § 3 sollen unter Berücksichtigung der Schwerpunkte A. Sortiment, B. Verlag sowie C. Antiquariat […] vermittelt werden. Eine von dem Ausbildungsrahmenplan abweichende sachliche und zeitliche Gliederung des Ausbildungsinhaltes ist insbesondere zulässig, soweit eine berufsfeldbezogene Grundbildung vorausgegangen ist oder betriebspraktische Besonderheiten die Abweichung erfordern.

(2) Die in dieser Verordnung genannten Fertigkeiten und Kenntnisse sollen so vermittelt werden, dass der Auszubildende zur Ausübung einer qualifizierten beruflichen Tätigkeit im Sinne des § 1 Abs. 2 des BBiG befähigt wird, die insbesondere selbstständiges Planen und Kontrollieren einschließt. Diese Befähigung ist auch in den Prüfungen nach den §§ 7 und 8 nachzuweisen.

Der Ausbildungsrahmenplan ist eine Anleitung zur sachlichen und zeitlichen Gliederung für den jeweils zu erstellenden Ausbildungsplan. Trotz dieser Festlegung bleibt die betriebsspezifische Flexibilität gewährleistet. Die berufliche Handlungskompetenz muss in der Abschlussprüfung nachgewiesen werden. Selbstständiges Arbeiten und Planen ist ein Muss für den Buchhändler.

§ 5 Ausbildungsplan

Der Ausbildende hat unter Zugrundelegung des Ausbildungsrahmenplanes für den Auszubildenden einen Ausbildungsplan zu erstellen.

Dieser Ausbildungsplan ist dem Auszubildenden spätestens zu Beginn der Lehrzeit auszuhändigen.

§ 6 Berichtsheft

Der Auszubildende hat ein Berichtsheft in Form eines Ausbildungsnachweises zu führen. Ihm ist die Gelegenheit zu geben, das Berichtsheft während der Ausbildungszeit zu führen. Der Ausbildende hat das Berichtsheft regelmäßig durchzusehen.

Für das Ausfüllen des Berichtsheftes ist die Ausbildungszeit da. Der verantwortliche Ausbilder sieht das Heft durch und zeichnet es ab (§6 Abs. 1 Nr. 4 BBiG). Der Sinn des Berichtsheftes ist, dass der Auszubildende das Erlernte schriftlich zusammenfasst und dokumentiert. So kann er sein erlerntes Wissen nochmals überdenken. Die Vorlage dieses Ausbildungsnachweises (Berichtsheft) ist die Zulassungsvoraussetzung zur Abschlussprüfung (§ 39 Abs. 1 Nr. 2 BBiG). Form und Inhalt des Berichtsheftes werden bei der Abschlussprüfung allerdings nicht bewertet.

Das geführte Berichtsheft soll den sachlichen und zeitlichen Ablauf der Ausbildung nachweisen. Deshalb soll ein Bezug zum Ausbildungsrahmenplan deutlich werden. Während der Auszubildende das Berichtsheft nach der Empfehlung des Bundesausschusses für Berufsbildung vom 23.8.1971 wöchentlich führen sollte, soll der Ausbilder das Berichtsheft nach jedem Ausbildungsabschnitt, mindestens aber monatlich prüfen und abzeichnen. Auch soll der Ausbilder dafür sorgen, dass das Heft in angemessenen Zeitabständen den gesetzlichen Vertretern des Auszubildenden gezeigt wird, um sie über den Ausbildungsverlauf zu informieren. Die gesetzlichen Vertreter bestätigen dies durch ihre Unterschrift.

§ 7 Zwischenprüfung

(1) Zur Ermittlung des Ausbildungsstandes ist eine Zwischenprüfung durchzuführen. Sie soll in der Mitte des zweiten Ausbildungsjahres stattfinden.

(2) Die Zwischenprüfung erstreckt sich auf die [...] für das erste Ausbildungsjahr aufgeführten Fertigkeiten und Kenntnisse sowie auf den im Berufsschulunterricht entsprechend dem Rahmenlehrplan zu vermittelnden Lehrstoff, soweit er für die Berufsausbildung wesentlich ist.

(3) Die Zwischenprüfung ist schriftlich anhand praxisbezogener Aufgaben oder Fälle in höchstens 180 Minuten in folgenden Prüfungsfächern durchzuführen:
1. Arbeitsorganisation,
2. Beschaffungsorganisation,
3. Bibliographie und Recherche,
4. Wirtschafts- und Sozialkunde.

Gegenstand der Zwischenprüfung sind die Fertigkeiten und Kenntnisse des ersten Lehrjahrs. Weiterhin ist der Lerninhalt des Rahmenlehrplanes des jeweiligen Bundeslandes für die Berufsschule Prüfungsgegenstand.

Die Prüfungsaufgaben und Prüfungsanforderungen erstellt der Prüfungsausschuss der zuständigen prüfenden Kammer.

Den Termin legt die zuständige Stelle fest. Der Ausbildungsbetrieb ist verpflichtet, den Auszubildenden zur Prüfung anzumelden und freizustellen. Die Anmeldung sollte so erfolgen, dass die Zwischenprüfung nach einem Jahr tatsächlicher Ausbildungszeit abgelegt wird. Die Fächer der Zwischenprüfung werden einzeln bewertet.

Das Ergebnis der Zwischenprüfung hat keine rechtlichen Folgen für die Fortsetzung des Ausbildungsverhältnisses und geht auch nicht in das Ergebnis der Abschlussprüfung ein. Jedoch ist die Teilnahme an der Zwischenprüfung Voraussetzung für die Zulassung zur Abschlussprüfung.

§ 8 Abschlussprüfung

(1) Die Abschlussprüfung erstreckt sich auf [...] Fertigkeiten und Kenntnisse sowie auf den im Berufsschulunterricht vermittelten Lehrstoff, soweit er für die Berufsausbildung wesentlich ist.

Diese Fertigkeiten und Kenntnisse sind in der dritten Spalte in den Tabellen des § 3 aufgeführt.

(2) Die Prüfung ist schriftlich in den Prüfungsbereichen Buchhandel, Arbeitsorganisation und Rechnungswesen sowie Wirtschafts- und Sozialkunde und mündlich im Prüfungsbereich Praktische Übungen durchzuführen.
(3) Die Anforderungen in den Prüfungsbereichen sind:
1. *Prüfungsbereich Buchhandel*
In höchstens 180 Minuten soll der Prüfling praxisbezogene Aufgaben oder Fälle bearbeiten. Er soll dabei zeigen, dass er fachliche Zusammenhänge versteht sowie das Leistungsangebot des Buchhandels nach qualitativen Kriterien beurteilen kann. Hierfür kommen insbesondere folgende Gebiete in Betracht:
a) das Angebot des Buchhandels;
b) Marketing;

c) Beschaffungsorganisation und Warenwirtschaft;

d) Rechtsgrundlagen.

Der jeweilige Schwerpunkt ist […] zu berücksichtigen.

2. Prüfungsbereich *Arbeitsorganisation, Rechnungswesen*

In höchstens 90 Minuten soll der Prüfling praxisbezogene Aufgaben oder Fälle aus folgenden Gebieten bearbeiten und dabei zeigen, dass er Zusammenhänge versteht und Ergebnisse des Rechnungswesens darstellen und anwenden kann:

a) Arbeitsorganisation;

b) Informations- und Kommunikationssysteme;

c) Buchführung und Zahlungsverkehr;

d) Kosten- und Leistungsrechnung, Controlling.

3. Prüfungsbereich *Wirtschafts- und Sozialkunde*

In höchstens 90 Minuten soll der Prüfling praxisbezogene Aufgaben oder Fälle aus der Berufs- und Arbeitswelt bearbeiten und dabei zeigen, dass er allgemeine wirtschaftliche und gesellschaftliche Zusammenhänge der Berufs- und Arbeitswelt darstellen und beurteilen kann.

4. Im *Prüfungsbereich Praktische Übungen* soll der Prüfling eine von zwei ihm zur Wahl gestellten praxisbezogenen Aufgaben aus den Gebieten kundenorientierte Kommunikation, Produkte und Dienstleistungen bearbeiten. Für die Bearbeitung ist ein Zeitraum von höchstens 15 Minuten einzuräumen. Die Aufgabe soll Ausgangspunkt für das folgende Prüfungsgespräch sein. Hierbei sind der Schwerpunkt gemäß § 4 sowie die Tätigkeitsschwerpunkte des Ausbildungsbetriebes zu berücksichtigen. Der Prüfling soll dabei zeigen, dass er in der Lage ist, Gespräche kundenorientiert und situationsbezogen zu führen. Das Prüfungsgespräch soll höchstens 20 Minuten dauern.

> Grundlage für die Erstellung der praxisbezogenen Aufgaben durch den Prüfungsausschuss sollte der vom Auszubildenden geführte Ausbildungsnachweis (Berichtsheft) sein. So soll sicher gestellt werden, dass die Aufgaben die betriebliche Praxis reflektieren.
>
> Der Schwerpunkt liegt auf der kundenorientierten Handlungsweise: Das Hineinversetzen in die Lage des Kunden und die individuelle, bedarfsgerechte Problemlösung.

(4) Sind in der schriftlichen Prüfung die Prüfungsleistungen in bis zu zwei Prüfungsbereichen mit »mangelhaft« und in dem dritten Bereich mit mindestens »ausreichend« bewertet worden, so ist auf Antrag des Prüflings oder nach Ermessen des Prüfungsausschusses in einem der mit »mangelhaft« bewerteten Prüfungsbereiche die schriftliche Prüfung durch eine mündliche Prüfung von etwa 15 Minuten zu ergänzen, wenn diese für das Bestehen der Prüfung den Ausschlag geben kann. Der Prüfungsbereich ist vom Prüfling zu bestimmen. Bei der Ermittlung des Ergebnisses für diesen Prüfungsbereich sind die Ergebnisse der schriftlichen

Arbeit und der mündlichen Ergänzungsprüfung im Verhältnis 2 : 1 zu gewichten.

(5) Bei der Ermittlung des Gesamtergebnisses haben die Prüfungsbereiche Buchhandel und Praktische Übungen gegenüber jedem der übrigen Prüfungsbereiche das doppelte Gewicht.

(6) Zum Bestehen der Abschlussprüfung müssen im Gesamtergebnis und in mindestens drei der vier Prüfungsfächer mindestens »ausreichende« Leistungen erbracht werden. Werden die Prüfungsleistungen in einem Prüfungsbereich mit »ungenügend« bewertet, so ist die Prüfung nicht bestanden.

[…]

3.2
Rahmenlehrplan

»Der Schüler soll nicht nur über die Worte, sondern vor allem über den Sinn und den Inhalt dessen, was er gelernt hat, Auskunft geben können.«
MICHEL EYQUEM DE MONTAIGNE

Die schulische Ausbildung ist Angelegenheit der Länder. So entscheiden die jeweiligen Kultusministerien über Berufsschulberechtigung oder Berufsschulpflicht, über Förderungsmaßnahmen, über Lehrpläne u. a. m. Für den Buchhandel wurde laut Beschluss der Kultusministerkonferenz (KMK) vom 30. Januar 1998 ein völlig neu strukturierter Rahmenlehrplan für den Ausbildungsberuf Buchhändler/in verabschiedet, bei dessen Vermittlung einzelne Länder unterschiedliche Wertungen und Gewichtungen vornehmen. Das Neue an diesem Rahmenlehrplan ist die starke Betonung der Handlungskompetenz, die sich in den Dimensionen von Fachkompetenz, Humankompetenz (Personalkompetenz) und Sozialkompetenz entfalten soll. Die folgenden Definitionen sind dem Passus *Bildungsauftrag der Berufsschule* entnommen.

Dimensionen der Handlungskompetenz

FACHKOMPETENZ
Die Bereitschaft und Fähigkeit, auf der Grundlage fachlichen Wissens und Könnens Aufgaben und Probleme zielorientiert, sachgerecht, methodengeleitet und selbstständig zu lösen und das Ergebnis zu beurteilen.

HUMANKOMPETENZ (PERSONALKOMPETENZ)
Die Bereitschaft und Fähigkeit, als individuelle Persönlichkeit die Entwick-

lungschancen, Anforderungen und Einschränkungen in Familie, Beruf und öffentlichem Leben zu klären, zu durchdenken und zu beurteilen, eigene Begabungen zu entfalten sowie Lebenspläne zu fassen und fortzuentwickeln. Sie umfasst personale Eigenschaften wie Selbstständigkeit, Kritikfähigkeit, Selbstvertrauen, Zuverlässigkeit, Verantwortungs- und Pflichtbewusstsein. Zu ihr gehören insbesondere auch die Entwicklung durchdachter Wertvorstellungen und die selbstbestimmte Bindung an Werte.

SOZIALKOMPETENZ
Die Bereitschaft und Fähigkeit, soziale Beziehungen zu leben und zu gestalten, Zuwendungen und Spannungen zu erfassen, zu verstehen sowie sich mit anderen rational verantwortungsbewusst auseinanderzusetzen und zu verständigen, Hierzu gehört insbesondere auch die Entwicklung sozialer Verantwortung und Solidarität.

Diese Sichtweise hat Konsequenzen für den Unterricht, der nun berufsbezogen und handlungsorientiert ausgerichtet werden muss. Im Idealfall stehen konkrete Situationen oder Fallbeispiele zu Beginn von Lerneinheiten, die von den Lernenden nicht nur gedanklich nachvollzogen (Lernen für Handeln), sondern von den Lernenden auch selbst ausgeführt, d. h. möglichst selbstständig geplant, durchgeführt, überprüft, ggf. korrigiert und schließlich bewertet werden sollen (Lernen durch Handeln). Die methodisch-didaktische Vermittlung entfernt sich somit von den traditionellen Lerninhalten in Fächern, die bislang parallel oder nacheinander im Rahmen der Ausbildung unterrichtet worden sind. An ihre Stelle treten insgesamt dreizehn ›Lernfelder‹, in denen Lerninhalte fächerübergreifend vermittelt werden. Die im Verbalstil verfassten Zielformulierungen erhalten einen höheren Stellenwert als die Inhalte. Die folgende Tabelle gibt eine Übersicht über diese dreizehn Lernfelder.

Nr.*	Lernfelder	Ausbildungs-jahr und Zeit-richtwerte	Zielformulierungen	Inhalte
1	**In das Berufsleben eintreten**	1. Jahr (80 Stunden)	• Die Schüler und Schülerinnen erschließen sich ihre neue Lern- und Lebenssituation und gestalten sie entsprechend ihrer veränderten Rolle planvoll und verantwortungsbewusst mit. • Sie erläutern Rechte und Pflichten, die sich aus dem Ausbildungsverhältnis ergeben, und nehmen sie →	• Auszubildende im dualen System • Arbeitsrecht und Mitbestimmung • Ausbildungsbetrieb • Unternehmensformen • Vertretung, Vollmachten • Betriebsformen des verbreiteten Buchhandels • Struktur, Organisation und Gemeinschaftseinrichtungen des Buchhandels →

*Nummer des Lernfeldes

Nr.*	Lernfelder	Ausbildungs-jahr und Zeit-richtwerte	Zielformulierungen	Inhalte
1	**In das Berufsleben eintreten** (Forts.)	1. Jahr (80 Stunden)	angemessen wahr. Sie kennen wesentliche Bestimmungen des Arbeitsschutzes und der betrieblichen Mitbestimmung und nutzen diese. Sie kennen die Tarifstruktur des Buchhandels. • Die Schüler und Schülerinnen beschreiben die Stellung des Ausbildungsbetriebes am Markt, seinen organisatorischen Aufbau und die sich daraus ergebende Entscheidungsstruktur. • Sie unterscheiden die in Buchhandelsunternehmen vorherrschenden Rechts- und Betriebsformen. • Sie stellen einen Zusammenhang zwischen den im Buchhandel angebotenen Gütern und den Kundenbedürfnissen her. Sie beschreiben branchenrelevante Märkte hinsichtlich ihrer Struktur und ihrer Preisbildungsmechanismen. • Sie kennen die Stellung des Buchhandels in Wirtschaft, Kultur und Gesellschaft. • Sie wenden grundlegende Lern- und Lesetechniken an und präsentieren Arbeitsergebnisse angemessen.	• Grundlagen des Wirtschaftens • Markt und Preis • Lern- und Lesetechniken • Moderations- und Präsentationstechniken
2	**Im Verkauf mitarbeiten**	1. Jahr (80 Stunden)	• Die Schüler und Schülerinnen ordnen Verträge in das Rechtssystem ein. Sie kennen wesentliche Arten von Rechtsgeschäften und Verträgen für den herstellenden und verbreitenden Buchhandel. • Sie schließen Kaufverträge ab, überwachen deren Erfüllung und handeln angemessen bei Leistungsstörungen. Sie können Ansprüche aus Kaufverträgen außergerichtlich und gerichtlich geltend machen. • Die Schüler und Schülerinnen beachten die rechtlichen →	• Rechtsgebiete und Rechtsnormen • Arten und Formen von Rechtsgeschäften • Zustandekommen von Verträgen • Anfechtung und Nichtigkeit • Natürliche und juristische Personen • Rechtsfähigkeit und Geschäftsfähigkeit • Sachen und Rechte • Eigentum und Besitz • Überblick über wesentliche Vertragsarten einschließlich Verlagsvertrag • Kaufvertrag im Buchhandel • Preisbindung • Abwicklung von Verkaufsvorgängen

*Nummer des Lernfeldes

Nr.*	Lernfelder	Ausbildungsjahr und Zeitrichtwerte	Zielformulierungen	Inhalte
2	**Im Verkauf mitarbeiten** (Forts.)	1. Jahr (80 Stunden)	Rahmenbedingungen beim Verkauf von preisgebundenen und nicht preisgebundenen Waren. • Die Schüler und Schülerinnen kennen die für den Buchhandel wesentlichen Regelungen des Verbraucherschutzes. • Die Schüler und Schülerinnen beherrschen Arbeitsabläufe im Verkauf und die zugehörigen Rechen- und Zahlungsvorgänge. • Sie nutzen branchenübliche Informationssysteme in ihren Grundfunktionen, insbesondere das *Verzeichnis Lieferbarer Bücher* (VLB). • Sie nutzen einschlägige Bücher, Datenträger und Online-Datenbanken.	• Zahlungsarten • Grundlegende Techniken und Regeln beim Bibliographieren • Grundzüge des Besorgungsgeschäftes
3	**Waren beschaffen und bereithalten**	1. Jahr (80 Stunden)	• Die Schüler und Schülerinnen kennen die verschiedenen Anlässe zur Beschaffung von Waren. Sie beherrschen die Arbeitsabläufe von der bibliografischen Erfassung über die Bestellung bei unterschiedlichen Lieferanten bis zum Wareneingang und der Lagerung. • Sie kalkulieren Waren. Sie kennen Besonderheiten des Bezugs und der Kalkulation antiquarischer Bücher. • Sie erfassen die notwendigen Daten des Warenflusses und kennen die Funktion eines Warenwirtschaftssystems. Sie ermitteln Kennziffern, die für den Einkauf relevant sind, und werten diese aus. Sie treffen Einkaufsentscheidungen unter betriebswirtschaftlichen und sortimentspolitischen Aspekten. • Sie nehmen Wareneinkaufsbuchungen vor. →	• Bestellanlässe, -wege und -techniken • Bibliografieren für die Sortimentsgestaltung und die Lagerergänzung • Informations- und Bezugsquellen • Konditionen und Bezugsformen • Bezugswege • Verkehrsordnung, Wettbewerbsregeln, Spartenpapier • Verkaufsbezogene Systematisierung von Waren im Lager • Bestellung in einer Fremdsprache • Vertreterbesuch, Vertreterbörse, Messen • Messegespräch in einer Fremdsprache • Wareneingang • Warenwirtschaftssystem • Einkaufsplanung • Lagerhaltung • Beschaffung und Kalkulation nicht preisgebundener Waren • Beschaffung und Kalkulation ausländischer Bücher einschließlich Währungsrechnen →

*Nummer des Lernfeldes

Nr.*	Lernfelder	Ausbildungs-jahr und Zeitrichtwerte	Zielformulierungen	Inhalte
3	**Waren be-schaffen** ... (Forts.)			• Ankauf von Büchern für Antiquariat und modernes Antiquariat • Wareneinkaufsbuchungen
4	**Betriebli-che Be-stände und Werte-ströme er-fassen**	1. Jahr (40 Stunden)	• Die Schüler und Schülerinnen begründen anhand der handels- und steuerrechtlichen Vorschriften die Notwendigkeit der Buch-führung. Sie wenden Buchungs-techniken an, bearbeiten einschlägige Geschäftsvorgänge und schließen Bestands- und Erfolgskonten ab.	• Aufgaben, gesetzliche Grundlagen der Buchführung • Inventur, Bilanz • Bestands- und Erfolgskonten • Organisation der Buchführung • Warenkonten • Abschreibung auf Anlagen • Jahresabschluss
5	**Waren-gruppen** *Belle-tristik* und *Kinder- u. Jugend-buch* beur-teilen	1. Jahr (40 Stunden)	• Die Schüler und Schülerinnen entwickeln Kriterien zur Beurteilung des Angebotes. • Sie verfügen über Strategien zur Aktualisierung ihrer Kenntnisse und wenden diese zur Kundenbe-ratung und Sortimentsgestaltung an. • Sie nutzen die verkaufsfördernde Wirkung von Bestsellerlisten, Preisverleihungen und Mediendis-kussionen.	• Wirtschaftliche Kriterien • Inhaltliche Kriterien • Künstlerische Gestaltung • Ausstattung • Verlagsprofile • Zielgruppen • Gattungen der Kinder- und Jugendliteratur • Aktuelle belletristische Themen-gebiete • Informationsmöglichkeiten über Novitäten
6	**Weitere Waren-gruppen erschlie-ßen**	2. Jahr (80 Stunden)	• Die Schüler und Schülerinnen entwickeln weitere Kriterien, um die Warengruppen des nichtbelle-tristischen Bereichs nach fachkundlichen, wirtschaftlichen und herstellerischen Aspekten zu beurteilen. Diese Kriterien werden auf Printmedien, Multimedia und antiquarische Bücher angewandt. • Sie verfügen über Arbeitstechni-ken, um sich einzelne Warengrup-pen zu erschließen.	• Buchhändlerische Warengruppen • Sachbuch/Ratgeber – Geisteswissenschaften/ Kunst/Musik – Mathematik/Naturwissenschaf-ten/Technik/Medizin, Computer und EDV – Sozialwissenschaften/Recht/ Wirtschaft – Reiseliteratur – Schulbuch – Wörterbücher/Lexika • Beurteilung von elektronischen Medien • Beurteilung von antiquarischen Büchern • Verlagsprofile
7	**Literatur beurteilen**	2. Jahr (80 Stunden)	• Die Schüler und Schülerinnen kennen die historische Entwick-lung der deutschsprachigen Literatur. →	• Grundbegriffe der Poetik • Überblick über die Epochen der deutschen Literaturgeschichte • Literatur der Moderne →

*Nummer des Lernfeldes

Nr.*	Lernfelder	Ausbildungs-jahr und Zeitrichtwerte	Zielformulierungen	Inhalte
7	Literatur beurteilen (Forts.)		• Sie können aktuelle Trends und Entwicklungen des literarischen Angebotes vor dem Hintergrund der deutschen Literaturgeschichte einordnen. • Sie kennen den Stellenwert der internationalen Literatur. • Sie kennen Kriterien zur Beurteilung von Literatur und die Problematik ihrer Anwendung. • Sie nutzen dieses Wissen zur qualitativen Beurteilung des literarischen Angebotes. Sie wenden dieses im Verkauf und bei der Sortimentsgestaltung an.	• Literatur der Gegenwart • Ausgewählte Schwerpunkte der internationalen Literatur
8	Beratungs- und Ser-viceleis-tungen kunden-orientiert einsetzen	2. Jahr (120 Stunden)	• Die Schüler und Schülerinnen wenden ihr Wissen über Waren, Serviceleistungen und Verlage zur Kundenberatung an. Dabei be-achten sie wirtschaftliche Aspekte. • Die Schüler und Schülerinnen begreifen Verkaufsgespräche als kommunikative Interaktion; sie können Verkaufsgespräche führen und ihre Rolle darin reflektieren. • Sie setzen Kenntnisse der Ver-kaufspsychologie ein, um aktiv zu verkaufen. Sie begründen Preise. Sie leisten Hilfe bei der Artiku-lation von Kundenwünschen, sind in der Lage, Kommunikations-störungen zu überwinden und mit Beschwerden umzugehen. • Aufbauend auf den Möglichkeiten des VLB verfügen sie über Tech-niken, um sich andere branchen-übliche Informationssysteme, Bibliografien und bibliografische Hilfsmittel sowie deren Weiterent-wicklungen zu erschließen. Sie nutzen ihre Fähigkeit zur Recher-che für die Informationsbeschaf-fung im Auftrag des Kunden. • Sie sind in der Lage, unterschiedli-che Lieferhinweise für Kundenbe-stellungen zu erkennen und über wirtschaftlich zweckmäßige →	• Kaufmotive • Wirkung von Sprache und Körpersprache im Verkaufsgespräch • Verkaufsargumentation und Warendarbietung • Einfaches Verkaufsgespräch in einer Fremdsprache • Verhalten bei Störungen im Verkaufsgespräch • Umgang mit Reklamationen • Komplexe Recherchen in unterschiedlichen Medien • Nutzung von Datenbanken, einschließlich fremdsprachiger Datenbanken • Bestellentscheidungen • Serviceleistungen • Verkauf online • Berechnen von Nachlässen, Ausweisen von Umsatzsteuer • Buchungen im Zusammenhang mit Warenverkäufen

*Nummer des Lernfeldes

Nr.*	Lernfelder	Ausbildungs-jahr und Zeitrichtwerte	Zielformulierungen	Inhalte
8	Beratungs- und Ser- viceleis- tungen kunden- orientiert einsetzen (Forts.)		Bezugsquellen zu entscheiden. Sie machen den Kunden auf Alterna- tiv- oder Zusatzangebote aufmerk- sam und bieten Serviceleistungen an. • Sie verfügen über Techniken des Verkaufs mit Hilfe elektronischer Medien. • Die Schüler und Schülerinnen bereiten Belege für die Buch- führung vor und buchen Zahlungs- und Warenverkaufsvorgänge.	
9	Den Buch- handel in gesamt- wirtschaft- liche Zu- sammen- hänge ein- ordnen	3. Jahr (60 Stunden)	• Die Schüler und Schülerinnen verstehen volkswirtschaftliche Zusammenhänge und wenden ihre Erkenntnisse auf den Buchhandel an. • Sie kennen wesentliche Merkmale der Wirtschaftsordnung der Bun- desrepublik Deutschland und grenzen sie zu anderen Wirt- schaftsordnungen ab. • Sie kennen die Bedeutung von Unternehmenszusammenschlüs- sen und deren Folgen. • Sie begründen Maßnahmen zur Wettbewerbssicherung und zum Verbraucherschutz. Sie schätzen die Auswirkungen konjunkturpoli- tischer Maßnahmen auf den Buchhandel sowie den Ausbil- dungsbetrieb ein und wissen um die Problematik von Zielkonflikten. • Sie begründen kultur- und um- weltpolitische Maßnahmen und können persönliche und berufliche Konsequenzen ableiten. • Die Schüler und Schülerinnen sind in der Lage aufzuzeigen, welche wesentlichen wirtschaftlichen Fol- gen sich aus internationalen Ver- flechtungen sowie aus der Ent- wicklung zur europäischen Einheit für die Volkswirtschaft und für den Buchhandel ergeben können. →	• Wirtschaftsordnungen • Unternehmenszusammen- schlüsse • Wettbewerbspolitik • Konjunkturpolitik • Einnahmen und Ausgaben des Staates • Kultur- und Bildungspolitik • Umweltpolitik • Außenwirtschaftliche Beziehun- gen • Europäische Union

*Nummer des Lernfeldes

Nr.*	Lernfelder	Ausbildungs-jahr und Zeitrichtwerte	Zielformulierungen	Inhalte
10	**Absatzför-dernde Maßnah-men mit-gestalten**	3. Jahr (40 Stunden)	• Die Schüler und Schülerinnen kennen die Bedeutung der Marketinginstrumente für den herstellenden und verbreitenden Buchhandel und begründen, in welchen Situationen deren Einsatz jeweils sinnvoll ist. Auf der Basis von Marktbeobachtung und Marktforschung entwickeln sie Grundzüge eines zielgruppenorientierten Marketingkonzeptes. • Sie wirken bei Planung, Durchführung und Kontrolle absatzfördernder Maßnahmen mit. • Sie kennen die Probleme von Dienstleistern, mit denen sie bei der Durchführung von absatzfördernden Maßnahmen zusammenarbeiten können, und gestalten diese Zusammenarbeit zielgerichtet. • Sie nutzen die Möglichkeiten der Datenverarbeitung.	• Marktforschung, Marktbeobachtung • Marketinginstrumente, Marketingmix • Absatzfördernde Maßnahmen im Buchhandel in bezug auf – das Ladengeschäft – die Ware – den Mitarbeiter – den Kunden – die Öffentlichkeit • Erfolgskontrolle
11	**Daten für betrieb-liche Ent-scheidun-gen aufbe-reiten und nutzen**	3. Jahr (60 Stunden)	• Ausgehend von der Buchführung sehen die Schüler und Schülerinnen auch Kostenrechnung, Statistik und Budgetierung als Teile des Rechnungswesens. Sie verstehen das Rechnungswesen im Sinne des Controlling als Instrument der Unternehmensführung, das betriebliche Planung, Information, Analyse und Steuerung umfasst. Sie begreifen die Orientierung als gemeinsame Aufgabe aller im Betrieb Tätigen. • Sie bereiten Daten für Zwecke der Kalkulation, Kostenrechnung und Finanzierung auf, analysieren diese zielgerichtet und beurteilen Entscheidungsalternativen. Sie berücksichtigen dabei die Beziehungen zwischen Kosten-, Finanz-, Personal- und Marketingplanung. →	• Aufgaben des Controlling • Betriebliche Kennziffern • Kostenarten, Kostenstellen, Kostenträger • Ist- und Plankostenrechnung • Grundzüge der Deckungsbeitragsrechnung • Finanzierung einschließlich Factoring und Leasing • Zinsrechnen • Externer Betriebsvergleich • Profit Center

*Nummer des Lernfeldes

Nr.*	Lernfelder	Ausbildungs-jahr und Zeitrichtwerte	Zielformulierungen	Inhalte
11	Daten für betrieb-liche ... (Forts.)		• Sie nutzen Vergleichszahlen zur Überprüfung von Wirtschaftlich-keit und Rentabilität. • Sie nutzen die Möglichkeiten der Datenverarbeitung.	
12	Im Perso-nalwesen mitwirken	3. Jahr (40 Stunden)	• Die Schüler und Schülerinnen erfassen ihre rechtliche Stellung als zukünftige Mitarbeiter. • Sie kennen den Schutzcharakter des Arbeitsrechts sowie die Notwendigkeit sozialgesetzlicher Regelungen und wenden die grundlegenden Vorschriften auf das Arbeitsverhältnis an. • Sie sind in der Lage, personalpoli-tische Maßnahmen nachzuvollzie-hen. Sie beschaffen notwendige Informationen und nutzen sie. • Sie sind fähig, personalwirtschaft-liche Entscheidungen auf der Grundlage rechtlicher, wirtschaftli-cher und sozialer Aspekte zu beur-teilen und flexibel auf Entwicklun-gen in der Arbeitswelt zu reagie-ren. • Die Schüler und Schülerinnen erstellen eine einfache Einkom-mensteuererklärung. • Sie nehmen Personalbuchungen vor.	• Beginn und Beendigung eines Arbeitsverhältnisses • Entlohnung • Gehaltsabrechnung, auch EDV-gestützt • Personalbuchungen • Einkommensteuererklärung • Personalentwicklung und Personalführung • Fort- und Weiterbildungsmög-lichkeiten • Soziale Sicherung • Datenschutz im Personalwesen
13	Besonder-heiten des Verlags-wesens erfassen	3. Jahr (80 Stunden)	• Die Schüler und Schülerinnen kennen die kulturelle und wirtschaftliche Bedeutung des Verlagswesens. Sie besitzen Kenntnisse über wichtige nationale und internationale Verlage, deren Profile, Programme und Konditionen und wenden diese Erkenntnisse im Geschäftsbetrieb an. • Sie kennen die Funktionsbereiche eines Verlages und deren Arbeitsschwerpunkte und nutzen dieses Wissen im Geschäftsbe-trieb. • Sie unterscheiden wesentliche →	• Bedeutung des Verlagswesens • Struktur des Verlagswesens • Profile wichtiger nationaler und internationaler Verlage • Funktionsbereiche des Verlages • Rechtliche Grundlagen, insbesondere Urheberrecht, Verlagsrecht, Verlagsvertrag • Herstellung von Verlagsproduk-ten – Manuskriptbearbeitung – Typografie – Satzherstellung – Repro-Techniken – Druckverfahren – Papier →

*Nummer des Lernfeldes

Nr.*	Lernfelder	Ausbildungs-jahr und Zeitrichtwerte	Zielformulierungen	Inhalte
13	Besonder-heiten des Verlags-wesens erfassen (Forts.)		Bestimmungen des Urheber- und Verlagsrechtes und wenden sie angemessen an. • Die Grundkenntnisse über die Ausstattung von Büchern und die wichtigsten Herstellungsverfahren von Verlagsprodukten befähigen sie, das Warenangebot zu beurteilen und den Kunden sachkundig zu beraten. • Sie kalkulieren Verlagsprodukte.	– Bindeverfahren und Einbandarten – Non-Print-Medien • Verkaufskalkulation

*Nummer des Lernfeldes

3.3
Berufsschulen

»Was die Lehrer verdauen, das essen die Schüler.«   KARL KRAUS

Angehende Buchhändler sind verpflichtet, begleitend zu ihrer betrieblichen Ausbildung die Berufsschule zu besuchen. In Ausnahmefällen, beispielsweise bei Umschülern, entfällt die Berufsschulpflicht. Näheres ist bei der IHK zu erfragen. In der Bundesrepublik gibt es 27 Berufsschulen für Auszubildende im Buchhandel. Der Unterricht kann wöchentlich an festgelegten Tagen stattfinden oder sich als Blockunterricht über verschiedene Zeiträume erstrecken.

BUCHHANDELSFACHKLASSEN IN DEUTSCHLAND

AACHEN – Berufskolleg Paul-Julius-von-Reuter-Schule

BERLIN – Oberstufenzentrum Handel Abteilung I

BIELEFELD – Carl-Severing-Berufskolleg für Wirtschaft und Verwaltung

BRAUNSCHWEIG – Berufsbildende Schulen III

BREMEN – Schulzentrum des Sekundarbereichs II Horn Berufliche Schulen für den Einzelhandel

DORTMUND – Karl-Schiller-Berufskolleg

DÜSSELDORF – Berufskolleg Bachstraße

ESSEN – Robert-Schmidt-Berufskolleg

FRANKFURT – Deutsche Buchhändlerschule

FRANKFURT – Stauffenbergschule

FREIBURG – Max-Weber-Schule

HAMBURG – Staatliche Handelsschule Holzdamm

HANNOVER – Berufsbildende Schule 12

HEIDELBERG – Julius-Springer-Schule

HERNE – Berufskolleg für Wirtschaft und Verwaltung der Stadt Herne

KASSEL – Paul-Julius-von-Reuter-Schule

KÖLN – Joseph-DuMont-Berufskolleg

LEIPZIG – Deutsche Buchhändler-Lehranstalt

BAD MALENTE – Landesberufsschule für Buchhändler

MÜNCHEN – Städtische Berufsschule für Medienberufe

MÜNSTER – Ludwig-Erhard-Schule Berufskolleg der Stadt Münster

NÜRNBERG – Berufliche Schule 6

OLDENBURG – Städtische Handelslehranstalten

OSNABRÜCK – Berufsbildende Schulen am Pottgraben

STUTTGART – Johann-Friedrich-von-Cotta-Schule Wirtschaftsgymnasium Ost

Besondere Erwähnung verdient die Deutsche Buchhändlerschule in Frankfurt-Seckbach, die ein Teilbereich der Schulen des Deutschen Buchhandels ist. Diese gemeinnützige GmbH ist eine Einrichtung der Buchhändler und Verleger im Börsenverein. Zwei neunwöchige Unterrichtsblöcke ersetzen den Berufschulunterricht einer staatlichen Berufsschule. Damit werden die Auflagen der Berufsschulpflicht erfüllt. Während der neun Wochen ist man auf dem ›Campus‹ in einem Internat untergebracht und wird dort rundum verpflegt, inklusive kultureller Abendveranstaltungen. Auszubildende aus den Bundesländern Rheinland-Pfalz und Saarland müssen aufgrund eines Staatsvertrages nach Seckbach. In den anderen Bundesländern entscheiden die Ausbildungsbetriebe selbst darüber, ob sie ihre Auszubildenden nach Frankfurt-Seckbach oder in die Berufsschule schicken. Die Anmeldung erfolgt prinzipiell über die buchhändlerischen Landesverbände. Der Lehrgang ist gebührenpflichtig. Allerdings beteiligen sich die Betriebe meistens an den Kosten, in manchen Bundesländern auch die Landesverbände oder die Landesregierung selbst. Dennoch wird auch eine Eigenbeteiligung der Auszubildenden vorausgesetzt. Auszubildende, die keine der genannten Zuschüsse erhalten und nicht mehr bei ihren Eltern leben und keine Unterhaltsleistungen bekommen, können beim Förderverein Berufsbildung Buchhandel eine Unterstützung beantragen. Näheres ist über den Ausbildungsbetrieb zu erfragen. Jährlich besuchen rund 500 Azubis die Buchhändlerschule in Frankfurt-Seckbach, das sind ungefähr 1/3 aller Ausbildungsverhältnisse. Übrigens: Kursteilnehmer aus Seckbach haben den Reiseführer *Die Buchhändlerschule. Ein Wegweiser für Azubis in Seckbach* erstellt, der im Peter Meyer Verlag erschienen ist und in dem sie über Schule und Unterricht, über Infos für Reise und Aufenthalt und anderes mehr berichten. Als Schul- bzw. Schülerprojekt organisieren Seckbacher Azubis auf der Frankfurter Buchmesse das *Azubistro* und betreuen den Verkauf im Rahmen der Veranstaltungen des *Blauen Sofas*.

Auch in Leipzig besteht die Möglichkeit der Unterbringung in einem Internat, von dem aus das Berufliche Schulzentrum der Stadt Leipzig respektive der Teilbereich Gutenberg-Schule im Rahmen eines mehrwöchigen Blockunterrichts täglich erreicht werden kann. Diese frühere Deutsche Buchhändler-Lehranstalt ist zwischenzeitlich eine staatliche Berufschule. Für Übernachtung und Verpflegung erhalten die Auszubildenden Zuschüsse von den Kultusministerien der neuen Länder. Die Anfahrt mit dem Zug bezuschusst auf Antrag das Sozialwerk des Deutschen Buchhandels; weitere Zuschüsse gewährt der Freundeskreis Berufsbildung des Börsenvereins. Als Schulprojekt organisieren die Schüler jährlich die *Ausbildbar*, den Anlaufpunkt für Azubis auf der Leipziger Buchmesse.

3.4
Verkürzung der Ausbildungszeit

»In der Kürze liegt die Würze.«   DEUTSCHES SPRICHWORT

Die reguläre Ausbildungszeit eines Lehrlings im Buchhandel erstreckt sich über drei Jahre. Doch können Auszubildende ihre Lehre unter bestimmten Voraussetzungen verkürzen. Der Auszubildende muss zum einen alle im Ausbildungsrahmenplan vorgesehenen Ausbildungsabschnitte durchlaufen haben. Zum anderen müssen dabei die vorgesehenen Kenntnisse und Fertigkeiten vermittelt worden sein. Doch letztlich entscheidet die zuständige IHK des Ausbildungsbetriebes, ob sie den Auszubildenden vorzeitig zur Abschlussprüfung zulässt. Generell wird dort geprüft, welche Voraussetzungen bzw. welchen Schulabschluss der Auszubildende vorweisen kann. Mit einer allgemeinen Fachhochschul- oder Hochschulreife ist eine Verkürzung von zwölf Monaten möglich. Hat man seine Fachhochschulreife in der entsprechenden Fachrichtung der Ausbildung erworben, ist unter Umständen eine weitere Reduzierung der Ausbildungszeit möglich. Mit dem Abschluss der Mittleren Reife kann eine Verkürzung von sechs Monaten gewährt werden. Ist der Auszubildende über 21 Jahre alt, ist ebenfalls eine Verkürzung um zwölf Monate möglich.

3.5
Die Abschlussprüfung

»Ach!, prüft man denn, was man sich wünscht?«   VOLTAIRE

Der Antrag auf Zulassung zur Abschlussprüfung muss fristgerecht und
schriftlich bei der für den Ausbildungsbetrieb zuständigen Industrie- und
Handelskammer eingehen. Am besten reicht der Ausbildungsbetrieb die
Unterlagen ein – vor allem dann, wenn die Ausbildungszeit verkürzt wurde. Die Zulassung zur Prüfung erfolgt, sofern der Kandidat
• die Ausbildungszeit vollständig absolviert hat,
• an der vorgesehenen Zwischenprüfung teilgenommen hat und
• die ausgefüllten Berichtshefte vorlegt.

Die Inhalte der schriftlichen Prüfung ergeben sich aus dem Paragraf 8 der
Ausbildungsverordnung, der im Kapitel 3.1 im Wortlaut wiedergegeben
worden ist. Deshalb soll an dieser Stelle eine kurze Zusammenfassung
genügen. Insgesamt können maximal 600 Punkte erreicht werden, davon
400 Punkte im schriftlichen Teil mit den Prüfungsbereichen Buchhandel
(200 Punkte), Arbeitsorganisation und Rechnungswesen (100 Punkte) sowie Wirtschafts- und Sozialkunde (100 Punkte).

  Die schriftlichen Arbeiten werden nicht von jeder IHK einzeln erstellt,
sondern von Prüfungskommissionen, die im Auftrag der IHKn neue Aufgaben erstellen. Die IHKn aus den neuen Bundesländern, Bayern, Hessen, Niedersachsen, Rheinland-Pfalz und Saarland sowie einige IHKn
von Baden-Württemberg holen sich die Abschlussprüfungen von der
AKA, der Aufgabenstelle für kaufmännische Abschlussprüfungen in
Nürnberg, die in den meisten Prüfungsbereichen Multiple-Choice-Fra-
gestellungen verwendet. Somit entfallen auf die so genannten AKA-Län-
der der größte Teil der jährlich rund 1.000 Abschlussprüfungen. Neben
der AKA sei an dieser Stelle auf die Zentralstelle für Prüfungsaufgaben
der IHKn in Nordrhein-Westfalen (ZPA) hingewiesen, die in diesem
Bundesland für die Erstellung der – hier mehrheitlich – offenen Fragen
zuständig ist.

  200 Punkte werden auch für die mündliche Prüfung vergeben, die offiziell als »Praktische Übungen« im Zeugnis ausgewiesen werden. Diese
Prüfung organisiert die örtliche IHK. Ein Prüfungsausschuss, der pa-
ritätisch aus Vertretern der Berufsschulen und der Ausbildungsbetriebe
(Arbeitgeber, Arbeitnehmer und Lehrer) zusammengesetzt ist, nimmt die
»Praktischen Übungen« ab, wertet die Prüfungsergebnisse aus und entscheidet damit über »bestanden« oder »nicht bestanden«. Die Prüfung
darf maximal zweimal wiederholt werden.

Jährlich werden zwei Prüfungstermine angeboten. Die Prüfung im Sommer findet in der Regel in den Monaten Mai bis Juli und die Winterprüfung in den Monaten November bis Januar statt. Die schriftlichen Prüfungen werden bei AKA-Prüfungen an einem Tag abgelegt; ansonsten auch an zwei Tagen. Mit dem Tag des Bestehens der mündlichen Prüfung ist das Ausbildungsverhältnis formaljuristisch beendet.

Auszubildende, die ihre Abschlussprüfung mit »sehr gut« bestanden haben, können von der zuständigen IHK (wo die Prüfung abgelegt wurde) eine so genannte Begabtenförderung beantragen. So kann über einen Zeitraum von drei Jahren dem ausgebildeten Buchhändler jährlich 1.600 Euro für Weiterbildungsmaßnahmen zur Verfügung gestellt werden. Allerdings bekommen die Zuwendung nur die besten jedes Jahrgangs. Nähere Informationen geben die IHKn.

4
Rechte und Pflichten von Auszubildenden

»Das Recht ist die Ordnung der staatlichen Gemeinschaft, und es entscheidet darüber, was gerecht ist.« ARISTOTELES

Als junger Mensch kann man wahrscheinlich die Rede von Rechten und Pflichten kaum noch hören, weil allein schon die Eltern unzählige Male darauf aufmerksam gemacht haben, dass das Leben nicht nur aus Spaß besteht. Außerdem hat man als Jugendlicher eher das Gefühl, dass der Anteil an den Pflichten immer wesentlich höher ist, als der an den Rechten. Aber es muss gesagt werden: Ohne Regeln geht es nicht. Jede Gemeinschaft braucht sie, um Abläufe zu steuern und die Zusammenarbeit transparent zu machen. Nur wenn Sie die Regeln kennen, können Sie damit umgehen und Ihre Rechte einfordern. Denn Rechte und Pflichten gelten nicht nur für Sie, sondern im Ausbildungsverhältnis auch für den Arbeitgeber, bzw. für den Ausbilder, der sie betreut.

Nachfolgend erhalten Sie einen wichtigen Überblick über die vertraglichen bzw. gesetzlichen Regelungen. »Man sieht nur, was man weiß« lautete einst der Werbeslogan der DuMont Kunstreiseführer, und Sie sollten immer gut informiert sein, um entweder Dinge zu ändern oder um einfach froh darüber zu sein, dass in Ihrem Ausbildungsbetrieb alles gut funktioniert.

Natürlich gibt es darüber hinaus noch eine Unzahl von klar formulierten oder unausgesprochenen Spielregeln in Ihrem Betrieb. Machen Sie sich auch darüber schlau, um mögliche Fettnäpfchen zu vermeiden. Grundsätzlich gilt: Die Zusammenarbeit muss klappen. Hierzu zwei Beispiele. Arbeitszeitregelung hin oder her – aber jeder Azubi wird wohl einmal länger im Betrieb stehen, wenn zwei Kolleginnen kurzfristig erkrankt sind und noch zahlreiche Kunden bedient werden müssen. Und jeder Arbeitgeber wird Verständnis zeigen, wenn vor der Prüfung der dringende Wunsch nach Urlaub besteht. Manchmal müssen Kompromisse geschlossen werden, wenn Interessen aufeinander treffen, aber darüber reden führt in der Regel immer zu einem für beide Seiten akzeptablen und praktikablen Ergebnis.

4.1
Ausbildungsvertrag

»Wenn man einem Menschen trauen kann, erübrigt sich ein Vertrag. Wenn man ihm
nicht trauen kann, ist ein Vertrag nutzlos.«   JEAN PAUL GETTY

Bevor ein Ausbildungsverhältnis aufgenommen wird, unterschreibt der Auszubildende und der Ausbildungsbetrieb einen Ausbildungsvertrag. Grundsätzlich gilt, dass dieser Vertrag, was Ausbildungsbedingungen und -inhalte betrifft, so klar und unmissverständlich als möglich abgefasst sein muss. Folgende Punkte müssen in diesem Vertrag enthalten sein.

Ziel der Ausbildung Der Ausbildungsberuf muss im Vertrag genau bezeichnet werden: Buchhändler/Buchhändlerin mit Schwerpunkt Sortiment bzw. Verlag oder Antiquariat.

Beginn der Ausbildung Im Vertrag muss das genaue Datum des Beginns des Ausbildungsverhältnisses festgehalten sein. Nur die Monatsangabe reicht beispielsweise nicht.

Dauer der Ausbildung Die reguläre Ausbildung zum Buchhändler dauert drei Jahre. Das Ende der Ausbildungszeit muss ebenfalls mit genauem Datum im Vertrag bezeichnet sein. Eine mögliche Verkürzung der Ausbildungszeit ist davon unberührt.

Gliederung und Inhalt der Ausbildung Für Auszubildende im Buchhandel gibt es eine verbindliche bundeseinheitliche Ausbildungsordnung (siehe Kapitel 3); auf sie muss der Vertrag Bezug nehmen.

Dauer der täglichen Arbeitszeit Die regelmäßige Arbeitszeit ist im Vertrag mit Angabe der genauen Uhrzeit anzugeben. Die Zeiten des Berufsschulunterrichts bleiben davon unberührt. Für Azubis unter 18 Jahren gilt das Jugendarbeitsschutzgesetz; über 18 Jahre das Arbeitszeitgesetz. Die Länge der Arbeitszeit regeln die jeweiligen Tarifverträge.

Probezeit Jeder Auszubildende beginnt seine Ausbildung mit einer so genannten Probezeit. Diese darf nicht weniger als einen und nicht mehr als drei Monate Dauer umfassen. Innerhalb der Probezeit genießt der Auszubildende keinen Kündigungsschutz. Die Probezeit darf grundsätzlich weder verkürzt noch verlängert werden, außer der Vertrag enthält einen Passus, der bei Ausfall (Unfall, Krankheit) eine Verlängerung der Probezeit um die Dauer des Ausfalls vorsieht. Eine Verlängerung der Probezeit muss immer bei der zuständigen IHK angezeigt werden.

Im Vertrag müssen die Modalitäten für die Kündigung nach der Probezeit genau beschrieben sein. Beide Seiten haben das Recht, während der Probezeit das Ausbildungsverhältnis ohne Kündigungsfrist (mit schriftlicher Kündigung) sofort zu beenden. Nach der Probezeit darf der Arbeitgeber dem Auszubildenden nur aus wichtigem Grund kündigen (BBiG § 15, Abs. 2, Satz 1; § 626 BGB).

Kündigung Die Kündigungsmöglichkeiten müssen im Ausbildungsvertrag festgehalten sein. Ein Verweis auf geltende gesetzliche oder tarifpolitische Vereinbarungen genügt nicht. Eine Kündigung, gleich von welcher Seite, muss schriftlich erfolgen. Mehr zum Thema Kündigung im Kapitel 4.3.

Urlaub Der Auszubildende hat ein Recht auf Urlaub. Im Ausbildungsvertrag muss stehen, wann der Urlaub genommen werden darf (beispielsweise nur während der Berufsschulferien). Ferner muss vertraglich festgelegt sein, wie viele Werktage der Auszubildende in jedem Ausbildungsjahr beanspruchen darf; je nach Tarifvertrag liegt die Anzahl in der Regel zwischen 30 und 36 Tagen. Der Gesetzgeber sieht vor, dass Auszubildende unter 16 Jahren mindestens 30 Werktage, vor Vollendung des 17. Lebensjahrs mindestens 27 Werktage, bis zur Volljährigkeit mindestens 25 Werktage und ab Volljährigkeit 24 Werktage Erholungsurlaub in Anspruch nehmen können. Ein Urlaub muss aber rechtzeitig im Ausbildungsbetrieb beantragt werden, was man jedoch langfristig erfragen kann. Für die Zeit des Urlaubs steht dem Auszubildenden ein so genanntes Urlaubsentgelt zu. Es bemisst sich nach dem durchschnittlichen Arbeitsverdienst der letzten 13 Wochen vor Beginn des Urlaubs.

Vergütung Ja, Geld gibt's für die Ausbildung auch. Die Höhe der Vergütung hängt vom jeweiligen Tarifvertrag der Länder ab (siehe Kapitel 4.4). Der Vertrag muss angeben, wie hoch jeweils die Vergütung im ersten, zweiten und dritten Ausbildungsjahr ist. Ein Hinweis auf geltende Tarifvereinbarungen reicht nicht aus. Die Ausbildungsvergütung ist gestaffelt. Demnach steigt die Vergütung von Jahr zu Jahr. Auch etwaige (freiwillige) Leistungen wie Urlaubs- oder Weihnachtsgeld sind vertraglich festzuschreiben.

4.2
Weitere Rechte und Pflichten

»Rechtsbewusstsein entsteht durch ein Unrechtserlebnis.« MANÈS SPERBER

Nicht im Ausbildungsvertrag stehen die allgemeinen Rechte des Auszubildenden, die hier nur kurz angesprochen sind. Man zählt hierzu
• Anspruch auf Fürsorge durch den Ausbildenden;
• das Recht auf Gleichbehandlung;
• Anrecht auf Schadensersatz bei Verstößen des Ausbildenden;
• Arbeitnehmerschutzrechte (Gefahrenschutz, Arbeitsschutz);
• Rechte aus der Betriebsverfassung und Mitbestimmungsrechte (Jugend- oder Auszubildendenvertretung).

Auf einige praxisrelevante Punkte sollte jedoch näher eingegangen werden:

Zeugnis Nach Ende seiner Ausbildungszeit hat der Auszubildende ein Recht auf ein Ausbildungszeugnis. Er erhält dabei je eines vom Ausbildungsbetrieb und von der Berufsschule. Während im Abschlusszeugnis der Berufsschule die schulischen Leistungen mit Noten bewertet werden, beurteilt der Betrieb den Auszubildenden in einem Fließtext. Das Zeugnis muss Angaben erhalten über Art, Dauer und Ziel der Berufsausbildung sowie über die erworbenen Fertigkeiten und Kenntnisse des Auszubildenden. Auf Verlangen des Auszubildenden sind auch Angaben über Führung, Leistung und besondere fachliche Fähigkeiten aufzunehmen. In manchen Betrieben muss es angefordert werden.

Zivil- oder Wehrdienst Wird man während der Ausbildung zum Wehrdienst einberufen, kann man beim zuständigen Kreiswehrersatzamt eine Zurückstellung beantragen. Dies muss allerdings rechtzeitig und innerhalb bestimmter Fristen erfolgen. Wenn der Antrag ordnungsgemäß gestellt wurde, wird man vom Wehr- bzw. Zivildienst zurückgestellt. Wird der Auszubildende während seiner Lehrzeit eingezogen und stellt keinen Rückstellungsantrag, ist er vom Zeitpunkt seiner Einberufung an nicht kündbar.

Überstunden Überstunden für Auszubildende sind eigentlich nicht vorgesehen, denn der Gesetzgeber geht nicht davon aus, dass Überstunden der Ausbildung dienen. Für Auszubildende, die noch nicht das 18. Lebensjahr erreicht haben, sind höchstens acht Stunden Arbeitszeit täglich und nicht mehr als 40 Arbeitsstunden pro Woche zulässig. Auszubildende sind nach § 10, Abs. 3 des BBiG für geleistete Überstunden zu entgelten - entweder mit einem Freizeitausgleich oder mit einer zusätzlichen Vergütung. Der Berufsschulunterricht gilt als Arbeitszeit. Deshalb darf Freizeitausgleich nicht auf einen Berufsschultag fallen.

Pausen Auszubildende haben einen Anspruch auf angemessene Ruhepausen. Eine Pause muss mindestens 15 Minuten lang sein, um als Ruhezeit zu gelten. Im Jugendarbeitsschutzgesetz § 11 Abs. 1 ist ferner festgelegt, dass bei einer Arbeitszeit von viereinhalb bis sechs Stunden der Auszubildende einen Anspruch auf mindesten eine halbe Stunde Pause hat. Bei einer Arbeitszeit von mehr als sechs Stunden muss die Pausenzeit eine Stunde betragen. Die erste Pause beginnt frühestens eine Stunde nach Arbeitsbeginn und endet spätesten eine Stunde vor Arbeitsende. Es ist nicht zulässig, einen Auszubildenden länger als viereinhalb Stunden am Stück ohne Pause zu beschäftigen. Für die Pause muss ein Ruheraum zur Verfügung gestellt werden, andernfalls muss die Arbeit in den Arbeitsräumen ruhen.

Fünf-Tage-Woche Jugendliche unter 18 Jahren haben einen Anspruch auf eine Fünftagewoche. Die beiden Ruhetage (Samstag und Sonntag) sollen aufeinander folgen. Für volljährige Azubis gilt die Sechs-Tage-Woche als Höchstmaß.

Samstagsruhe Werden Jugendliche unter 18 Jahren am Samstag beschäftigt, haben sie Recht auf einen Ausgleichstag, an dem sie nicht zur Berufsschule müssen.

Mutterschutz und Elternzeit Der Mutterschutz gilt selbstverständlich auch für Auszubildende. Er umfasst einen Zeitraum von sechs Wochen vor und acht Wochen nach der Entbindung. Auszubildende haben Anspruch auf eine so genannte Elternzeit. Diese Erziehungszeit können nicht nur Mütter, sondern auch Väter beanspruchen. Man kann die Erziehungszeit anteilig nehmen und auf bis zu vier Zeitabschnitte verteilen. Der Anspruch besteht bis zur Vollendung des dritten Lebensjahrs des Kindes. Die Elternzeit muss schriftlich vom Auszubildenden beantragt werden. Der Ausbildungsbetrieb darf das Ausbildungsverhältnis von dem Zeitpunkt an, an dem an die Elternzeit beantragt wurde, nicht kündigen. Die Elternzeit wird aber nicht auf die Berufsbildungszeit angerechnet. Somit verlängert sich die Zeit der Ausbildung um die Länge der Elternzeit.

Krankheit Bei unverschuldeter Krankheit (verschuldete Krankheiten sind z. B. definiert durch selbst angestiftete Prügeleien oder Unfälle durch Alkohol am Steuer) steht dem Auszubildenden bis zu einem Ausfall von sechs Wochen seine normale Vergütung zu. Danach springt die Krankenkasse ein. Er muss sich allerdings beim Ausbildungsbetrieb zu Arbeitsbeginn krank melden (telefonisch) und spätestens am dritten Tag (das Wochenende wird mitgerechnet!) ein ärztliches Attest beziehungsweise eine Krankschreibung vorlegen.

Freistellung vom Unterricht Der Auszubildende muss vom Ausbildungsbetrieb für den Berufsschulbesuch freigestellt werden. Ein Berufsschultag von fünf Stunden gilt übrigens als Achtstundentag. Diese Pflicht zur Freistellung gilt übrigens auch für Schulveranstaltungen wie Betriebsbesichtigungen oder Ausflüge und natürlich auch für den neunwöchigen Blockunterricht der Buchhändlerschule in Frankfurt-Seckbach.

Freistellung zu Prüfungen Der Ausbildungsbetrieb ist verpflichtet, den Auszubildenden zur Teilnahme an Prüfungen einschließlich der Pausen freizustellen. Es besteht aber kein Anspruch auf die Freistellung für den ganzen Arbeitstag.

Führen eines Berichtsheftes Der Auszubildende muss ein Berichtsheft führen, das die Ausbildungsinhalte dokumentiert. Ihm ist die Gelegenheit zu geben, das Heft während der Ausbildungszeit zuführen. Das Berichtsheft ist vom Ausbilder mindestens monatlich durchzusehen und abzuzeichnen. Es stellt – mit den regelmäßigen Abzeichnungen des Ausbilders – eine Voraussetzung für die Zulassung zur Abschlussprüfung dar.

Die Form der Berichtsheftführung, ob beispielsweise Wochen-, Monats- oder Abteilungsberichte geschrieben werden müssen, wird von den Industrie- und Handelskammern festgelegt. Wird das Berichtsheft nur als Nachweis des Ausbildungsverlaufs gesehen, kann seine Führung zu einer leidigen Pflichtübung werden, die jeder gerne schnell und einfach hinter sich bringt. Es bleibt aber jedem Azubi überlassen, den Ausbildungsgang anschaulich zu dokumentieren, etwa durch Listen gelesener Bücher, eigene Buchbesprechungen, Beschreibungen von Reihen im Bereich der Ratgeber oder durch Fotos und Beschreibungen selbst gestalteter Schaufenster.

Das vom Ausbilder unterschriebene Berichtsheft ist übrigens formale Voraussetzung zur Zulassung zur mündlichen Prüfung. Da manche Prüfer die Ausbildungsschwerpunkte dem Berichtsheft entnehmen, kann es sich durchaus lohnen, dieses kurz vor der Prüfung noch einmal durchzuarbeiten.

4.3
Kündigung

»Was nicht zusammen kann bestehen, tut am besten, sich zu lösen.«
FRIEDRICH SCHILLER

In der Probezeit dürfen Arbeitgeber und Auszubildende jederzeit fristlos kündigen. In der darauf folgenden Ausbildungszeit genießt der Auszubildende einen Kündigungsschutz. Nach der Probezeit können beide Seiten aus wichtigem Grund ohne Einhaltung von Fristen kündigen. Der Auszubildende kann ordentlich mit einer Frist von vier Wochen schriftlich kündigen, wenn er als Begründung angibt, entweder eine andere Ausbildung ergreifen oder die Ausbildung zum Buchhändler abbrechen zu wollen. Kein Kündigungsgrund ist die Absicht, die Ausbildung im selben Beruf in einem anderen Ausbildungsbetrieb fortzusetzen.

Eine Kündigung ist durch eine Anrufung beim Arbeitsgericht nach Kündigungsschutzgesetz § 4 gerichtlich anfechtbar. Sollte ein Urteil des Arbeitsgerichtes verfügen, dass die Kündigung widerrechtlich erfolgte, wird in der Praxis meist ein Auflösungsvertrag ausgehandelt. Formal heißt dies, dass das Ausbildungsverhältnis im Einvernehmen beider Parteien beendet wird. Darauf einigt man sich deshalb, weil es für den Auszubildenden unzumutbar wäre, in einem Betrieb weiterzuarbeiten, der ihm kündigen wollte. Der Kündigung durch den Ausbildungsbetrieb muss immer eine schriftliche Abmahnung vorausgehen, ansonsten ist sie ungültig. Jugend- bzw. Auszubildendenvertreter genießen besondern Kündigungsschutz. Kündigungsgründe bei Kündigung durch den Ausbildungsbetrieb aus wichtigem Grund sind beispielsweise:

- Der Auszubildende kommt seiner Berufsschulpflicht nicht nach.
- Der Auszubildende nimmt wiederholt nicht an den Ausbildungsmaßnahmen teil, für die er freigestellt wurde.
- Der Auszubildende weigert sich, die Kenntnisse und Fertigkeiten, die zum Erreichen des Ausbildungszieles erforderlich sind, zu erlernen.
- Er akzeptiert die festgesetzten Ausbildungszeiten nicht.
- Er kommt häufig unpünktlich.
- Er gibt Betriebs- und Geschäftsgeheimnisse preis.
- Er weigert sich, den ihm im Rahmen seiner Ausbildung aufgetragenen Verpflichtungen nachzukommen.
- Er befolgt die Weisungen seiner Ausbilder nicht.
- Er begeht im Betrieb Straftaten wie Diebstahl, Körperverletzung oder die Einnahme von Drogen.
- Er meldet sich krank, obwohl er nachweislich gesund ist.
- Er beleidigt den Ausbilder.
- Der Auszubildende geht ohne Genehmigung seines Ausbildungsbetriebes einer Nebenbeschäftigung nach.

Als Kündigungsgründe bei Kündigung durch den Auszubildenden gelten beispielsweise
- Der Auszubildende wird grob und wiederholt beleidigt.
- Er wird über Gebühr mit ausbildungsfremden und -schädlichen Hilfsarbeiten betraut (Rasenmähen, Reinigungsarbeiten, Waschen der Privatwagen der Kollegen, etc.).
- Er wird häufig nur mit Routineaufgaben betraut.
- Der Auszubildende wird körperlich gezüchtigt.
- Dem Ausbildenden wird die Ausbildungsbefugnis entzogen.
- Die Bestimmungen des Arbeitsschutzgesetzes werden missachtet.

4.4
Vergütung in der Ausbildungszeit

»Wer arbeitet, hat ein Recht auf seinen Lohn.«   1. TIMOTHEUS 5,18

Leider lässt sich kein allgemeingültiges Vergütungmodell darstellen. Denn die Vergütung ist von Bundesland zu Bundesland verschieden. Die Gewerkschaften (bei Buchhändlern: ver.di) handeln mit den Arbeitgeberverbänden Tarifverträge aus. Damit ein solcher Tarifvertrag für den Auszubildenden Gültigkeit hat, muss er selbst Mitglied der Gewerkschaft sein und der Ausbildungsbetrieb muss seinem Arbeitgeberverband angehören. Tarifpartner für den Sortimentsbuchhandel sind in einigen Bundesländern die Einzelhandelsverbände, in anderen wiederum Arbeitgebervertretungen, die von den Landesverbänden der Buchhändler gegründet worden sind (der Börsenverein ist nicht tariffähig). Allerdings sind viele Buchhandlungen nicht in ihrem Arbeitgeberverband organisiert. Dadurch können Auszubildende in ein und derselben Stadt verschiedene Vergütungen erhalten. Doch hält sich in der Praxis ein großer Teil der Buchhandlungen an die Tarifvereinbarungen, die von den Landesverbänden auch als Empfehlung weitergegeben werden. Alle Landesverbände teilen gerne mit, ob Ausbildungsfirmen Mitglied in ihrem jeweiligen Arbeitgeberverband sind. Ein freundlicher Anruf oder eine Anfrage per Mail reicht aus. Unter den genannten Vorbehalten gilt folgende exemplarische Übersicht:

AUSBILDUNGSVERGÜTUNG FÜR SORTIMENTSBUCHHÄNDLER NACH LÄNDERN (Stand: August 2004)

Bundesland	1. Ausbildungsjahr (in Euro)	2. Ausbildungsjahr (in Euro)	3. Ausbildungsjahr (in Euro)
Hessen	605,–	663,–	757,–
Nordrhein-Westfalen	604,–	672,–	768,–
Thüringen	482,–	508,–*/535,–**	546,–*/573,–**
		* 1. Halbjahr/** 2. Halbjahr	

Quellen: Tarifabschluss im hessischen Einzelhandel 2004. Zitiert nach einem Informationsblatt des Landesverbandes Hessen.
Tarifverträge Einzelhandel NRW. Hrsg. vom Einzelhandelsverband Nordrhein-Westfalen.
Laut Auskunft des Landesverbandes Sachsen, Sachsen-Anhalt und Thüringen.

Die Probezeit ist Teil der Berufsausbildung, deshalb hat der Auszubildende hier ebenso wie in der eigentlichen Ausbildung selbst Anspruch auf Vergütung. Unabhängig von der Höhe der Ausbildungsvergütung gilt: Die Vergütung für den laufenden Kalendermonat ist spätestens am letzten Arbeitstag des Monats zu zahlen (BBiG § 11, Abs. 2 und HGB § 64).

Weiterbeschäftigung nach der Ausbildung

Der Ausbildungszeit schließt sich nicht automatisch ein Beschäftigungsverhältnis an. Der Auszubildende muss darüber rechtzeitig vor Ende der Ausbildungszeit eine Vereinbarung mit dem Ausbildungsbetrieb treffen. Für Jugend- oder Auszubildendenvertreter besteht eine Ausnahmeregelung. Ein Auszubildender in einer solchen Funktion hat nach seiner Abschlussprüfung das Recht, weiterbeschäftigt zu werden. Allerdings muss er dies drei Monate vor Ende des Ausbildungsverhältnisses schriftlich beantragen.

5
Bewerbung um Job und Ausbildungsplatz

»Große und anhaltende Arbeit ist Sache der Jugend.«   PLATON

Wenn Sie sich dazu entschlossen haben, eine Ausbildung zum Buchhändler zu beginnen, so steht an erster Stelle die Frage, wie Sie eine freie Lehrstelle finden. Wer die Ausbildung abgeschlossen hat und nicht von seinem Ausbildungsbetrieb übernommen wird, will natürlich auch wissen, wo offene Stellen bekannt gemacht werden. In diesem Kapitel geben wir Hinweise, wo Sie am besten Stellenangebote einholen. Eine wichtige Rolle spielt in diesem Zusammenhang auch, wie eine Bewerbung auszusehen hat, wie Sie sich auf das erste Vorstellungsgespräch vorbereiten und an was Sie noch denken sollten.

5.1
Mein Ausbildungsplatz

»Man findet mehr Schüler als Meister.«   DEUTSCHES SPRICHWORT

Im Jahr 2003 wurden in Deutschland 804 neue Ausbildungsverträge geschlossen. 2.328 junge Menschen befanden sich im selben Jahr in der Ausbildung zum Buchhändler. Über diese Zahlen eine qualitative Aussage zu treffen, ist schwierig. Man kann aber festhalten, dass Ausbildungsplätze für den Beruf des Buchhändlers begehrt sind und nicht jeder Bewerber eine Garantie für eine Lehrstelle hat. Auf der anderen Seite gibt es Buchhandlungen, die ausbilden würden und trotz intensiver Suche keinen Nachwuchs finden. Kein einheitliches Bild also, das noch dadurch erschwert wird, dass wiederum andere Buchhandlungen zunehmend mit 400-Euro-Kräften arbeiten und nicht mehr in dem Umfang ausbilden, wie sie es einmal getan haben. Wie sehr der Buchhandel – auch was die Ausbildungsplätze angeht – von den allgemeinen wirtschaftlichen Rahmenbedingungen abhängt, zeigt der extreme Rückgang der Ausbildungszahlen um fast 20 Prozent gegenüber den Vorjahren in den Jahren 2002 und 2003 – eine Zeit, die mit den Auswirkungen der Terroranschläge vom 11. September 2001, der ›Euro-Teuro-Debatte‹ im Jahr 2002 und der allgemeinen Konsumzurückhaltung hier nur schlagwortartig umrissen bleiben soll. Betrug die Zahl der Ausbildungsverhältnisse rund 1000, so bewegt man sich zur Zeit bei rund 800. Mit einer Bewerbung dürfte es also in den meisten Fällen nicht getan sein, um die rarer gewordenen Ausbildungsplätze zu bekommen, vielmehr ist Ausdauer und verstärkte Eigeninitiative der künftigen Azubis angesagt.

Bevor man sich um einen Ausbildungsplatz bewirbt, möchte man erst mal so viel wie möglich über den neuen Beruf erfahren. Zwei Informationsquellen stehen dabei ganz oben: die Arbeitsämter mit ihren Berufsinformationszentren (biz) und die Buchhandlung vor Ort. Hierzu lässt sich zunächst Folgendes sagen: Das biz ist vor allem dann eine sinnvolle Einrichtung, wenn man überhaupt noch nicht weiß, welchen Ausbildungsberuf man ergreifen möchte, denn diese Institution bietet eine gute Übersicht über die unterschiedlichsten Ausbildungsberufe und freie Lehrstellen. Doch wollen Sie genauere Informationen zur Ausbildung als Buchhändler haben, ist die Buchhandlung am Ort sicher die richtige Anlaufstelle. Vielleicht einfach einmal den Chef ansprechen und sich möglicherweise sogleich nach freien Ausbildungsplätzen erkundigen. Vielleicht bietet sich die Möglichkeit eines ›Schnupperpraktikums‹, das in ein Ausbildungsverhältnis münden kann. Auf jeden Fall ist Eigeninitiative sehr sinnvoll und wird von Betrieben in der Regel auch geschätzt.

Um noch mehr über die gesamte Branche und die Voraussetzungen der Lehre sowie die Ausbildungsbedingungen zu erfahren, kann man sich auch an den entsprechenden Fachverband, den Börsenverein des Deutschen Buchhandels, wenden, der eine eigene Abteilung für Berufsbildung unterhält. Auch einzelne Landesverbände des Börsenvereins versenden entsprechendes Info-Material und bieten mitunter Job-Börsen an. Links zu entsprechenden Verbänden erhält man über die Website des Bundesverbandes www.boersenverein.de.

Halten wir fest: Freie Lehrstellen werden vorwiegend von drei Institutionen bekannt gemacht: vom Berufsinformationszentrum des Arbeitsamtes (www.arbeitsamt.de), von den örtlichen Industrie- und Handelskammern (www.ihk.de) und von einzelnen Landesverbänden des Börsenvereins. Es empfiehlt sich, bei all diesen Stellen Informationen einzuholen, weil die Angebote nicht immer deckungsgleich sind.

5.2
Mein erster Job nach der Ausbildung

»Die Arbeit hält drei große Übel fern: Die Langeweile, das Laster und die Not.«

VOLTAIRE

Mit dem Bestehen der mündlichen Prüfung beginnt für die meisten der ›Ernst des Lebens‹, nämlich die Suche nach einer festen Arbeitsstelle. Werden Sie vom Ausbildungsbetrieb übernommen, haben Sie vorerst ›Ihre Schäfchen im Trockenen‹. Dennoch wollen Sie dann vielleicht irgendwann wechseln, etwas Neues kennen lernen. Zuerst sollte man sich darüber im Klaren sein, ob man eine Beschäftigung nur in der Heimatregion sucht oder Augen und Ohren in der ganzen Bundesrepublik offen halten will. Im Jahr 2003 zählte das Statistische Bundesamt 33.200 Beschäftigte im Einzelhandel mit Büchern und Fachzeitschriften im Jahresdurchschnitt.

Als Anlaufstelle für die Jobsuche ist an erster Stelle das örtliche Arbeitsamt zu nennen. Zum einen hat das Arbeitsamt einen guten Überblick über offene Stellen. Zum anderen ist man nach der Ausbildung möglicherweise zunächst ohne festes Einkommen, hat aber Anspruch auf Arbeitslosenhilfe. Arbeitslosenhilfe ist im Falle der Erwerbslosigkeit beim Arbeitsamt zu beantragen. Hier noch einmal die Website: www.arbeitsamt.de. Parallel hierzu sollten Sie unbedingt in die Stellenangebote in der buchhändlerischen Fachpresse anschauen, die online im Netz stehen. Die wichtigste Adresse hierbei ist www.mvb-boersenblatt.de. Auch der regelmäßige Blick in lokale, regionale und überregionale Tageszeitungen lohnt immer auf der Suche nach einem passenden Job.

Darüber hinaus gibt es Internet-Jobbörsen, die die Suche sehr vereinfachen, weil Sie direkt nach dem gewünschten Berufsbild suchen können. Und je genauer Sie die Suche hinsichtlich Beruf, Bundesland und Stadt eingrenzen, umso besser sind die für Sie relevanten Suchergebnisse. Allerdings sollte man sich nicht allein auf diese Internet-Inserate verlassen, weil nicht jeder Buchhändler seine freie Stellen über das Internet bekannt macht. Generell sollte man alle Angebote nutzen, wo Stellen bekannt gemacht werden. Hier eine kleine Auswahl an (branchenspezifischen) Jobbörsen:
• www.mvb-boersenblatt.de
• www.buchhandel-bayern.de/jobboerse
• www.monster.de
• www.boomerang.de
• www.stellenangebote-checken.de
• www.jobscout24.de
• Websites von Buchhandlungen (über Suchmaschinen oder Gelbe Seiten)

5.3
Die richtige schriftliche Bewerbung

»Die Schrift hat das Geheimnisvolle, dass sie redet.«   PAUL CLAUDEL

Bevor Sie sich um eine Ausbildung zum Buchhändler oder den ersten Job als Buchhändler bewerben, sollten Sie überprüfen, ob Sie die Anforderungen dieses Berufsfeldes erfüllen. Erst dann wird eine Bewerbung geschrieben. Dabei ist es nicht nur wichtig, sich gut ›zu verkaufen‹, sondern es gilt auch viele formale Kriterien zu beachten.

Zunächst sind natürlich der Schul- und Berufsschulabschluss wichtig. Für Bewerber auf einen Arbeitsplatz natürlich auch das Zeugnis des Ausbildungsbetriebes. Die formale Voraussetzung für den angehenden Buchhändler ist der Hauptschulabschluss. Doch in der Realität werden so gut wie gar keine Hauptschüler als Auszubildende eingestellt. Rund 3/4 aller Auszubildenden haben Abitur (einschließlich Abschluss Studium, Fachabitur und Studienabbrecher). Die restlichen haben zumindest die mittlere Reife. Weitere Qualifikationen hängen teilweise von der Buchhandlung selbst ab. Sollte es sich bei dem Ausbildungsbetrieb beispielsweise um eine Bahnhofs- oder Flughafenbuchhandlung (Travel Retail) handeln, erwartet der Betrieb in der Regel gute Englisch-Kenntnisse. In einer Buchhandlung auf dem Lande mag dies nicht ganz so von Bedeutung sein. Schulnoten spielen bei der Bewerbung übrigens auch eine wichtige Rolle. Sie können damit rechnen, dass der Ausbildungsbetrieb nicht nur auf eine gute Deutschnote, sondern ebenso auch auf die Bewertungen in Mathematik, Gesellschafts- bzw. Sozialkunde oder Politik achtet. Denn die Ausbildung zum Buchhändler beschäftigt sich zu einem wesentlichen Teil mit kaufmännischen Fragen, was ein gutes Verständnis von Zahlen voraussetzt. Auch eine gute Allgemeinbildung ist bei Azubis Voraussetzung.

Neben den Schulnoten sind aussagekräftige Bewerbungsunterlagen das A und O. Die sollte zum einen den formalen Ansprüchen genügen und zum anderen dem Ausbildungsbetrieb vermitteln, warum es sich lohnt, den Bewerber auszubilden. Für den Berufseinsteiger ist ein professionelles Bewerbungsschreiben fast noch wichtiger, weil die Anforderungen noch höher liegen. Eine vollständige Bewerbung – gleich ob für einen Ausbildungsplatz, eine Festanstellung oder ein Praktikum – enthält immer:
• Bewerbungsanschreiben;
• Lichtbild in Farbe;
• Lebenslauf;
• Zeugnisse sowie Nachweise über Praktika und andere Zusatzqualifikationen.

Bewerbungsanschreiben

Eine Mustervorlage für eine schriftliche Bewerbung wollen wir hier nicht vorstellen. Denn obwohl ein Bewerbungsanschreiben einige Angaben auf jeden Fall enthalten muss, sollte die persönliche Note der Bewerbung noch zu erkennen sein. Und dafür gibt es keinen Standardvordruck. Das Anschreiben ist die Visitenkarte der Bewerbung. Viele Unternehmen bekommen Hunderte von Bewerbungen auf den Tisch. Da wird schnell aussortiert. Manche Ausbilder/Personalverantwortliche schauen zunächst auf die Qualifikationen, das heißt Schulnoten oder Ausbildungszeugnis. Andere lesen vorab die Bewerbungsanschreiben. Um Ihre Chancen, in ein Ausbildungsverhältnis übernommen zu werden oder eine Anstellung zu erreichen, sollten Sie sehr genau und selbstkritisch zur Sache gehen.

Junge Bewerber neigen gerne dazu, ihr Anschreiben beispielsweise durch farbiges Papier, ausgefallene Schrifttypen oder grafische Animationen aufzupeppen. Ob das wirklich Eindruck macht, wird der Leser entscheiden. Festes schlichtes und weißes Maschinenpapier ist vorzuziehen. Wichtig ist aber vor allem die formale Stimmigkeit des Bewerbungsanschreibens. Es muss sauber in Maschinenschrift, am besten am PC verfasst sein. An allen Seiten des Bogens sollte ein ausreichender Rand von mindestens zwei Zentimetern frei gelassen werden. Das Schreiben enthält ganz oben (auf der rechten Seite) den Briefkopf des Absenders mit Name, Adresse, Rufnummer und – falls vorhanden – E-Mail-Adresse. Auch Datum und Ort der Absendung gehören zum Briefkopf. Darunter stehen auf der linken Seite Name und Anschrift des Unternehmens, an das die Bewerbung gerichtet ist. Gut ist es, zu wissen, wer der Ansprechpartner für die Bewerbung im Unternehmen ist. Diesen kann man dann in der Anschrift benennen. Zudem macht es einen besseren Eindruck, wenn Sie zu Beginn des Schreibens die persönliche Anrede mit dem entsprechenden Namen wählen. Die Formulierung »Sehr geehrte Damen und Herren« wirkt immer etwas zu allgemein und anonym. Außerdem könnte das Bewerbungsschreiben so wie ein mehrfach versandter Serienbrief wirken. Der Empfänger soll ja schließlich das Gefühl haben, dass Sie sich mit gutem Grund für eine Ausbildung bzw. Stelle in seinem Unternehmen interessiert. Also: Gegebenenfalls in der Wunschfirma vorher anrufen und sich nach dem Namen des Ansprechpartners erkundigen.

Über der Anrede steht der Betreff, beispielsweise Bewerbung um eine Ausbildung zum Buchhändler. Das Wort ›Betreff‹ schreibt man heute nicht mehr davor, stattdessen hebt man die Betreffszeile fett gedruckt hervor. Den Brief schließt man mit der üblichen Formel ›Mit freundlichen Grüßen‹. Die Unterschrift darunter erfolgt eigenhändig. Am unteren Ende der Seite sollte auf die Anlagen hingewiesen werden. Hier kön-

nen Sie untereinander aufzählen, was dem Bewerbungsanschreiben bei-
gelegt ist, wie etwa Lichtbild, Lebenslauf, Zeugnisse, etc.

Beim Text des Bewerbungsanschreibens sollten folgende Punkte an-
gesprochen werden, um die Motivation der Bewerbung herauszuheben:
• Auf welche Stelle/Ausbildungsplatz zielt die Bewerbung?
• Wie wurde der Bewerber auf den Ausbildungsplatz/die Arbeitsstelle
  aufmerksam?
• Warum wird eine Ausbildung zum Buchhändler angestrebt?
• Warum soll die Ausbildung ausgerechnet in dieser Buchhandlung
  stattfinden? Warum möchte der Bewerber ausgerechnet in dieser
  Buchhandlung arbeiten?
• Was sind die Pläne des Bewerbers nach der Ausbildung?
• Wie kann sich der ausgebildete Buchhändler im Unternehmen ein-
  bringen?
• Was sind die eigenen persönlichen Stärken?
• Welche persönlichen Interessen hat man?
• Gibt es großes Interesse an kaufmännischen Zusammenhängen?

Eigenschaften wie Pünktlichkeit oder Zuverlässigkeit sollten Sie nicht eigens erwähnen. Diese Anforderungen sind im Berufsleben selbstverständlich. Da angehende Azubis in der Regel nicht auf einen vorherigen
beruflichen Werdegang verweisen können, ist es möglich, auf besondere
Interessen während der Schulzeit hinzuweisen. Beispielsweise kann bei
Abiturienten die getroffene Wahl der Leistungskurse auf den angestreb-
ten Ausbildungsberuf wie zugeschnitten sein. Darauf sollten Sie in diesem Fall hinweisen. Auch die freiwillige Teilnahme an AGs oder Theater-
gruppen können das Engagement und die Kreativität des Bewerbers un-
terstreichen. Dies muss aber nicht unbedingt im Bewerbungsanschreiben
vorkommen, sondern kann im Lebenslauf angegeben werden.

Auf keinen Fall sollten Sie übertreiben oder gar zu blumig abschwei-
fen. Das Anschreiben sollte getreu dem Motto ›In der Kürze liegt die
Würze‹ abgefasst sein. Eine DIN-A4-Seite sollte für das Anschreiben
genügen. Wenn Sie den Text gut strukturieren, in Absätze unterteilen, die
nicht länger sind als sechs Zeilen, und zudem mit einer ›knackigen‹ Ein-
leitung beginnen, hat der Leser mehr Freude an der Bewerbung. Am
Schluss des Anschreibens bietet sich eine Formulierung an, die darauf
hinweist, dass Sie sich auf ein persönliches Gespräch freuen würden.

Es ist ratsam, sein Bewerbungsanschreiben von einem Bekannten ge-
genlesen zu lassen, der sehr sicher in Grammatik, Stil und Rechtschrei-
bung ist. Oft überliest man eigene Rechtschreibfehler. Eine zweite oder
auch dritte Person kann für notwendige Korrekturen sehr hilfreich sein. Sie
sollten nicht zu stolz sein, solche Hilfe in Anspruch zu nehmen, da es um
einen sehr wichtigen Schritt in Richtung Ihrer beruflichen Zukunft geht.

Unter Bewerbern um einen Ausbildungsplatz im Buchhandel sind auch zahlreiche Studienabbrecher. Das sollten Sie in der Bewerbung auf keinen Fall übergehen. Aber anstatt zu erklären, warum das Studium keinen Spaß mehr gemacht hat, sollten Sie positiv formulieren, wie etwa: »Im Studium habe ich gemerkt, dass mich Literatur zwar fasziniert, aber die praktische Arbeit mir mehr liegt ...«. Auch der Hinweis, dass Sie sich für die bodenständige kaufmännische Komponente interessieren, ist sicherlich sehr nützlich. Zunächst kann man es Ihnen negativ auslegen, dass Sie Ihr Studium abgebrochen haben. Aber der positive Effekt kann sein, dass Sie als Abbrecher dann meist eine genaue Vorstellung davon haben, was Sie anstelle eines Studiums machen wollen.

Lebenslauf und weitere Anlagen

Für den Betrieb ist der tabellarische Lebenslauf eine wichtige Entscheidungshilfe für die Einstellung. Denn hier sollten alle wichtigen Informationen über den Bewerber wie Schulausbildung, Berufsausbildung, Kenntnisse, besondere Fähigkeiten oder Erfahrungen enthalten sein. Wenn Betriebe in ihrer Stellenausschreibung einen vollständigen Lebenslauf verlangen, heißt dies nicht, dass Sie die Details Ihrer Privatsphäre preisgeben müssen. Es ist damit lediglich gemeint, dass die zeitliche Abfolge lückenlos sein soll. Heute wird nicht mehr erwartet, dass die Eltern im Lebenslauf aufgeführt werden. Letztlich vermittelt diese Information dem Betrieb nichts über die Eignung des Bewerbers. Hier die geforderten Inhalte an einen Lebenslaufs:
· Persönliche Daten: Name, Geburtsdatum, Geburtsort, Familienstand (optional);
· Lichtbild;
· Angaben zur Schulausbildung;
· Angaben zur Berufsausbildung;
· Angaben zu weiteren Stationen (wie Wehr- oder Zivildienst);
· Berufserfahrung;
· praktische Erfahrungen (falls vorhanden);
· Weiterbildungen;
· Zusatzqualifikationen, besondere Kenntnisse und Fähigkeiten;
· Datum, Ort und eigenhändige Unterschrift.

Einen Lebenslauf können Sie wie folgt abfassen: Mit einem ›Schullaufbahn‹ überschriebenen Absatz sollten Sie beginnen. In Deutschland ist es üblich, nicht mit dem aktuellsten, sondern mit dem am längsten zurückliegenden Ereignis anzufangen. Auf der linken Seite ist der Zeitraum angegeben, beispielsweise von 1986–1990. Rechts daneben steht

der Name der Schule. Man kann hier auch die gewählten Leistungskurse oder Engagements in AGs wie Theatergruppe, Schülerzeitung oder
Schülervertretung angeben. Unter der eigenen Zwischenüberschrift
›Schulabschluss‹ können Sie die Durchschnittsnote angeben. Sollten Sie
zum Zeitpunkt der Bewerbung die Schule noch nicht beendet haben,
nennen Sie den Zeitpunkt des Endes der Schullaufbahn und den ange-
strebten Schulabschluss an.

Nach der Schullaufbahn folgt, wieder mit eigener Überschrift, entweder ›Freiwilliges soziales Jahr‹, ›Zivildienst‹ oder ›Wehrdienst‹ sowie Ort
und Institution, wo diese Zeit geleistet wurde.

Jetzt kommt bei Bewerbern um eine feste Arbeitstelle die Ausbildung
mit Angabe der Ausbildungsstätte. Sie können hier auch kurz anfügen,
auf welches Sortiment der Ausbildungsbetrieb spezialisiert ist. Auch die
Abschlussnote der Berufsschule sollte als Angabe nicht fehlen.

In eigenen Absätzen können jetzt zusätzliche Rubriken folgen wie etwa Ferienjobs, Fortbildung, Praktika, Weiterbildungen, Besondere Qualifikationen, Besondere Kenntnisse und Fähigkeiten, Sprachkenntnisse,
Freizeitaktivitäten oder Hobbys. Unter diesen Rubriken summieren Sie
alles, was die Bewerbung aussagekräftiger machen kann. Auf jeden Fall
gehören hier beispielsweise der Besitz des Führerscheins (mit Führer-
scheinklasse), besondere Sprach- oder EDV-Kenntnisse, Maschinen-
schreiben und geleistete Praktika hinein. Hingegen sollten Sie Mitglied-
schaften in Parteien oder Gewerkschaften eher nicht angeben. Das könnte zu unerwünschten Vorurteilen führen. Soziales oder kirchliches
Engagement in Altenpflege oder Jugendarbeit ist nicht angreifbar und
sollte im Lebenslauf aufgenommen werden.

Am Ende des Lebenslaufes folgt die Angabe des Ortes, des Datums
und Ihre eigenhändige Unterschrift. Erstreckt sich der Lebenslauf über
mehrere Seiten, sollten die Seiten durchnummeriert sein. Anlagen belegen die Aussagen, die tabellarisch und stichwortartig im Lebenslauf gemacht wurden. Auch für die Anlagen gilt: Weniger ist manchmal mehr.
Auf jeden Fall sollten Sie diese Unterlagen nur in Kopie, niemals als Ori-
ginale, verschicken. Die Kopien sollten in guter Qualität auf weißem Papier gedruckt sein. Eselsohren und Kaffeeflecken sind natürlich auf allen
Bewerbungsunterlagen tabu.

Die gesammelten Unterlagen sollten in einem verstärkten DIN-A4-
Umschlag verschickt werden. Zudem sieht es adretter aus, die Bewer-
bungsseiten in eine Klarsichthülle zu legen oder in einen Ordner mit
Klarsichtdeckblatt zu heften, ohne sie jedoch zu lochen oder mit Heft-
klammern zusammenzuheften.

Lichtbild

Das Foto des Bewerbers wird normalerweise in der rechten oberen Ecke angebracht. Das Lichtbild sollte, da zu klein, kein Passfoto, sondern ein so genanntes aktuelles Bewerbungsfoto in Farbe sein. Da auch der optische Eindruck zählt, sollten Sie darauf achten, dass der Gesichtsausdruck freundlich und offen ist. Auf modischen Gesichtsschmuck wie Nasenring, Augenbrauen- oder Zungenpiercing würden wir lieber verzichten. Denn man kann nie wissen, wie konservativ die Haltung des Ausbildungsbetriebes ist. Sie selbst mögen ermessen, welchen Eindruck modischer Gesichtsschmuck hinterlässt. Dasselbe gilt für schrille Frisuren wie blaue Haarfarbe, Irokesenschnitt oder Glatze. Aber verstellen bzw. verkleiden sollten Sie sich deshalb nicht. Es ist ratsam, auf die Rückseite des Bewerbungsfotos Ihren Namen und Ihre Anschrift zu schreiben, falls sich das Foto vom Blatt lösen sollte.

5.4 Bewerbungsgespräch

»Gespräch ist gegenseitige distanzierte Berührung.«　　CHRISTIAN MORGENSTERN

Wenn Sie zum Bewerbungsgespräch eingeladen worden sind, haben Sie bereits eine große, aber nur die erste Hürde überwunden. Denn die Einladung zum Vorstellungsgespräch bedeutet bei weitem noch nicht, dass Sie den Ausbildungsplatz/Arbeitsplatz schon so gut wie sicher haben. Hier kann man zwar alles gewinnen, möglicherweise schlechte Schulnoten durch einen guten persönlichen Eindruck wettmachen, aber auch alles vergeigen.

Das Bewerbungsgespräch ist für beide Seiten sehr wichtig. Denn Betrieb und Bewerber testen hier an, inwieweit man zusammen passt. Nicht nur die Buchhandlung, sondern auch Sie sollten über das gemeinsame Gespräch herausfinden, ob Sie sich eine Ausbildung/Anstellung in diesem Betrieb wünschen. Immerhin wird der Bewerber als Azubi mindestens zweieinhalb Jahre in dem Unternehmen arbeiten – als Angestellter womöglich noch länger. Da in den meisten Buchhandlungen wenige Mitarbeiter tätig sind, wird viel Wert auf charakterliche und menschliche Eigenschaften gelegt. Besonders in einem kleinen Unternehmen sind die Mitarbeiter darauf angewiesen, dass alle gut miteinander auskommen.

Auf keinen Fall sollten Sie unvorbereitet in ein Vorstellungsgespräch gehen. Im Vorhinein sollten Sie sich darüber im Klaren sein, wie Sie sich selbst am besten ›verkaufen‹ und wie Sie herausfinden, ob der Betrieb zu Ihnen passt. Für das Gespräch sollten Sie darüber hinaus einige Gepflogenheiten wie Wahl der Kleidung, Begrüßung etc. beachten. So schadet es bestimmt nicht, bereits vor dem Gespräch als Kunde die neuen Örtlichkeiten zu erkunden. Befindet sich die Buchhandlung in der Nähe, hat man ein leichtes Spiel und man kann die Kleidung der Angestellten und am Besten auch des Inhabers/Geschäftsführers in Augenschein nehmen. In einem eher konservativ geprägten Betrieb bietet sich eine andere Kleidung an als in lockerer Arbeitsatmosphäre. An dieser Stelle ersparen wir uns alle Hinweise auf ein gepflegtes Äußeres. Frisch geduscht den Tag zu beginnen ist in jeder Hinsicht für alle Mitmenschen erfreulich.

Anreise und Unterlagen

Nichts ist schlechter, als zu spät zum Vorstellungsgespräch zu kommen. Deshalb sollten Sie bei der Wahl der Verkehrsmittel immer Verspätungen einkalkulieren und rechtzeitig von zu Hause abfahren/losgehen. Zu früh zum Bewerbungsgespräch zu kommen, kann wiederum als lästig empfunden werden. Sollten Sie also zu früh vor Ort sein, machen Sie lieber noch einen kleinen Spaziergang, um dann pünktlich zu erscheinen. Oder Sie reisen bewusst früher an, um sich einen persönlichen Eindruck vom Verkaufsraum zu verschaffen.

Zwar liegen Ihre Bewerbungsunterlagen (Anschreiben, Lebenslauf, Anlagen) dem Betrieb vor. Aber es kann nicht schaden, die Bewerbungsmappe zur Sicherheit griffbereit dabei zu haben. Auch die Einladung zum Vorstellungsgespräch sowie ein Schreibgerät für Notizen sollten Sie mitbringen. So Sie Fragen an das Unternehmen haben, haben Sie diese bereits stichwortartig notiert.

Je größer ein Unternehmen ist, desto wahrscheinlicher sind Einstellungstest. In solchen Tests wird gerne Allgemeinbildung abgefragt, aber möglicherweise auch branchenspezifische Fragen gestellt. Einstellungstests, die dem Unternehmen letztlich zur Selektion der Bewerber dienen, können auch unangemeldet durchgeführt werden. Es gibt zahlreiche Literatur, wie man sich auf diese Prüfungen vorbereiten kann.

Das eigentliche Gespräch

Nur wenn ein Betrieb die bereits schriftlich dargelegten Qualifikationen eines Bewerbers ausreichend findet, wird dieser überhaupt zu einem Bewerbungsgespräch eingeladen. Deshalb werden bestimmte Qualifikationen wie Noten und Zeugnisse im persönlichen Gespräch keine entscheidende Rolle mehr spielen. Statt dessen rücken andere Gesichtspunkte wie Ihre persönlichen Eigenschaften und Freizeitaktivitäten in den Vordergrund. Die Vorbereitung auf das Bewerbungsgespräch ist das A und O. Zunächst sollten Sie sich überlegen, welche Fragen gestellt werden könnten und wie Sie gegebenenfalls darauf antworten. Sollten Sie unsicher sein, so empfiehlt es sich, mit Freunden oder Verwandten das Vorstellungsgespräch übungshalber vorab zu simulieren. Standardfragen im Bewerbungsgespräch sind meistens Fragen nach der Motivation und beruflichen Perspektive wie etwa:

- Warum wollen Sie eine Ausbildung in meiner Buchhandlung machen?
- Warum bewerben Sie sich in unserer Buchhandlung?
- Warum haben Sie sich für die Ausbildung als Buchhändler entschieden?
- Wie sehen Ihre beruflichen Vorstellungen aus?
- Warum studieren Sie nicht nach Ihrem Abitur?
- Wie können Sie sich in unserem Unternehmen einbringen?
- Wie stellen Sie sich den Alltag einer Buchhandlung vor?
- Warum passen Sie in unser Unternehmen?
- Warum sollten wir Sie einstellen?
- Wo möchten Sie in fünf Jahren sein?
- Was haben Sie zuletzt gelesen?
- Welches Buch gefällt Ihnen am besten – und warum?
- Wie viele lesen Bücher Sie durchschnittlich pro Woche/Monat?

Beachten Sie, wie Sie Ihre Schwerpunkte in der Antwort am besten setzen. Bei der Frage nach der Motivation liegt es auf der Hand, Ihr Interesse an Literatur ins Feld zu führen. Doch ist der Beruf des Buchhändlers auch sehr stark kaufmännisch geprägt. Deshalb sollten angehende Azubis im Bewerbungsgespräch keinesfalls suggerieren, dass man sich die Ausbildung als reines Lesestudium vorstellt. Gelesen wird in der Freizeit und nicht während der Arbeitszeit! Das wird auch vom Betrieb erwartet. Deshalb macht es Sinn, anzugeben, dass Sie sich auch für die kaufmännischen Komponenten – wie etwa Rechnungswesen, Einkauf oder Marketing – interessieren. Ferner ist in einem Ladengeschäft die serviceorientierte Betreuung der Kundschaft außerordentlich wichtig. Darum sollten Sie betonen, dass Sie sich darauf freuen, im Beruf mit Menschen zu tun zu haben, auf Kunden zuzugehen, sie zu beraten, etc. Bewerber auf eine Arbeitsstelle sollten dem Gegenüber unaufdringlich das erlernte Fachwissen und persönliche Kompetenzen präsentieren. Daneben ist geraten, einen guten Eindruck von der persönlichen Leistungsbereitschaft, Identifikation mit der Branche zu vermitteln. Ihre Teamorientiertheit ist ebenso zu betonen, wie der Wille, sich im Berufsfeld mit Eigeninitiative fortzubilden. Natürlich können Sie im Bewerbungsgespräch auch darauf hinweisen, dass Sie großes Interesse hegen, sich weiterzubilden, um später auch vermehrte Verantwortung übernehmen zu können.

Möglicherweise kommen Sie in die Situation, zugeben zu müssen, dass Sie sich parallel bei anderen Buchhändlern, vielleicht sogar bei der direkten Konkurrenz vor Ort, um einen Ausbildungsplatz beworben haben. Eigentlich ist dies kein Problem. Denn Ausbildungsplätze sind rar, und insofern ist es dem Betrieb klar, dass sich junge Menschen mehrfach bewerben. Trotzdem sollten Sie begründen können, warum Sie gerade im betreffenden Betrieb auf einen Ausbildungsplatz hoffen. Dazu sollten Sie sich natürlich vorab über das Sortiment der Buchhandlung ein Bild gemacht haben. Es ist auch kein Fehler, die Konkurrenz vor Ort zu kennen und die Unterschiede in den jeweiligen Sortimenten zu untersuchen. Mit ein paar Hintergrundinformationen fallen einem schnell Argumente ein, die überzeugend die persönliche Motivation begründen können, eine Ausbildung in der betreffenden Buchhandlung absolvieren zu wollen.

Die Antwort auf die Frage nach den beruflichen Vorstellungen ergibt sich quasi von selbst aus der Wahl der Ausbildung. Es empfiehlt sich, zu sagen, dass man nach der Ausbildung auch den Beruf des Buchhändlers ergreifen möchte. Der ausbildende Betrieb muss auf jeden Fall den Eindruck gewinnen, dass sich der Bewerber nach der Lehre eine Beschäftigung im Unternehmen wünscht. Deshalb sollten Sie auch niemals erwähnen, möglicherweise nach der Ausbildung ein Studium aufnehmen zu wollen. Denn viele Ausbildungsbetriebe haben ein Interesse daran, ihre Azubis zu übernehmen. Ansonsten lohnen sich die Kosten nicht, die sie in die Ausbildung investieren.

In diesem Sinne ist auch die Frage: »Warum kein Studium nach dem Abitur?« zu beantworten. Sie sollten erklären, dass Sie sich eine eher praktische Ausbildung wünschen und aus Ihrer Sicht die Vorzüge des Berufs des Buchhändlers hervorheben. Und ein Letztes: Bei der Frage nach den Arbeitszeiten sollten Sie keinesfalls den Eindruck erwecken, dass Sie ein Problem mit flexiblen Ladenschlusszeiten haben. Das macht mit Sicherheit einen schlechten Eindruck.

Von einem Bewerber erwartet der Betrieb selbstverständlich ein großes Interesse für das Berufsfeld. Sollte sich aber im Bewerbungsgespräch herausstellen, dass Sie keine Vorstellung von den Inhalten der Ausbildung, vom Arbeitsalltag oder von der Situation und Struktur der Branche haben, ist das Unternehmen meist wenig geneigt, die Person einzustellen. Am besten, Sie informieren sich kurz vor dem Gespräch noch einmal im Internet, um aktuelle Informationen und Diskussionen zu verfolgen. Hier die relevanten Adressen: www.mvb-boersenblatt.de, www.buchmarkt.de, www.buchreport.de sowie www.buchmesse.de.

Für die Einstellung von Azubis hat die Abteilung Berufsbildung des Börsenvereins unter der Federführung der langjährigen Sachbearbeiterin Eva Martin einen Leitfaden entworfen, der das Bewerbungsgespräch in fünf Phasen einteilt. Leicht abgewandelt lässt er sich auch für Nicht-Azubi-Einstellungsgespräche verwenden. Es mag vielleicht hilfreich sein zu wissen, wie der ›Gegenüber‹ sich vorbereitet ;–)

IN FÜNF PHASEN ZUM PASSENDEN AUSZUBILDENDEN

Phase 1 AUFWÄRMEN

Ablauf	Beurteilungsmerkmale
Gegenseitige Vorstellung (eigene Funktion im Unternehmen nennen) Über Gesprächsziele informieren Vorgesehene Gesprächsdauer mitteilen	Äußere Erscheinung Umgangsformen Aufgeschlossenheit Ausstrahlung

Phase 2 ZUR PERSON

Ablauf	Beurteilungsmerkmale
Lebenslauf und Persönliche Situation Kurzabriss geben lassen Was war besonders prägend? Familiäre Sitation (Eltern, Beruf der Eltern, Geschwister) Finanzielle Situation (lebt bei Eltern, alleine, mit Partner, in Wohngemeinschaft, Azubigehalt für Lebensunterhalt?) Interessen, Hobbys, Freizeit Engagement, Vereine o. Ä.	Interessenspektrum Selbstständigkeit Ausdrucksfähigkeit
Schule bzw. Studium Kurzbericht letzter Abschluss Welche Fächer besondere Neigung/Abneigung? Lernen leichtgefallen? Studium: Gründe für Fächerwahl, ggfs. Gründe für Abbruch	Interessenspektrum Leistungsbereitschaft
EDV-Kenntnisse/Internet EDV-Kenntnisse vorhanden? Welche? Internetnutzung? Wofür?	Interesse
Interesse an kaufmännischen Zusammenhängen/ Wirtschaft	Interesse

Phase 3 ZUM BERUF

Ablauf	Beurteilungsmerkmale
Berufswahl und Berufsmotivation Warum Buchhändler? Wo informiert? Welche Vorstellung von Beruf? Was sind Vorteile/schöne Seiten? Gibt es Nachteile/weniger schöne Seiten? Warum kommt man selber in Frage?	Interessenspektrum Eigeninitiative Selbstständigkeit Urteilsfähigkeit Zielorientierung

Phase 3   **ZUM BERUF** (Fortsetzung)

Ablauf	Beurteilungsmerkmale
Eigene Stärken bezüglich des Berufs? Kommt noch ein anderer Beruf in Frage? Welcher?	
Wahrnehmung der Buchhandlung Eindruck von der Buchhandlung erfragen Was gefällt besonders gut? Was gefällt nicht so gut?	Selbstvertrauen Urteilsfähigkeit Kommunikationsfähigkeit
Buch, Medien, Verkauf Was lesen Sie gerne? Welches Buch zuletzt gelesen? Und davor? Inhalt und Stil knapp schildern lassen. Wem würden Sie das Buch verkaufen? Lesen Sie regeläßig Zeitung? Welche? Welche Zeitschriften lesen Sie regelmäßig?	Selbstvertrauen Urteilsfähigkeit Kommunikationsfähigkeit
Berufliche Ziele Warum eine Ausbildung? Wollen Sie studieren? Gibt es berufliche Ziele?	Zielorientierung
Betriebswahl und Betriebskenntnis Gründe für Auswahl der Buchhandlung Wissen über Buchhandlung und Verlage Sonstige Bewerbungen?	Eigeninitiative Urteilsfähigkeit Zielorientierung

Phase 4   **VERTIEFENDE INFORMATION**

Ablauf	Beurteilungsmerkmale
Informationen geben ... über Buchhandlung (Größe Mitarbeiterzahl, Anzahl der Azubis, Schwerpunkte) ... über Ausbildung (Dauer, Berufsschule oder Unterrichtsblock in Seckbach, Vergütung etc.) ... über Beruf und Berufsumfeld	Interesse Auffassungsgabe
Beurteilung Berufsumfeld erfragen Beurteilung Arbeitszeit Beurteilung Vergütung Beurteilung Einzelhandel	Urteilsfähigkeit Leistungsbereitschaft
Bewerberfragen Haben Sie Fragen an uns?	Interesse Selbstvertrauen Aufgeschlossenheit Ausdrucksweise

Phase 5 AUSKLANG

Ablauf	Beurteilungsmerkmale
Weiteres Vorgehen Bis wann Auswahl/Nachricht	
Rundgang durch die Buchhandlung Wenn möglich, in Begleitung eines Kollegen/ Mitarbeiters/Azubi und dessen Eindrücke in Beurteilung einbeziehen	
Danke für das Gespräch und Verabschiedung inkl. Bitte um baldige Absage, falls Interesse nach Gespräch abflaut	Umgangsformen Aufgeschlossenehit Ausstrahlung

Fragen an den Ausbildungsbetrieb

Sie sollten sich nicht scheuen, selbst Fragen an den ausgewählten Betrieb zu stellen. Man kann sich diese Fragen zur Sicherheit auch sinngemäß notieren und in das Bewerbungsgespräch mitbringen. Hier ein paar Beispiele:
• Wie gestaltet sich die Ausbildung in dem betreffenden Unternehmen?
• Wer ist der Ansprechpartner der Azubis in Ausbildungsfragen?
• Gibt es Chancen auf eine Beschäftigung nach Ende der Ausbildung?
• In welchen Schichten arbeitet man als Auszubildender?
• Was erwartet der Ausbildungsbetrieb von seinen Lehrlingen?
• Gibt es Möglichkeiten, sich neben der Lehre weiterzubilden?

Nach den Konditionen, sprich der Ausbildungsvergütung, müssen Sie beim Vorstellungsgespräch nicht fragen. Diese können Sie vorab beim zuständigen Landesverband erfahren. Dies sieht natürlich anders aus, wenn Sie Ihre Lehre abgeschlossen haben und darauf hoffen, aufgrund irgendeiner Qualifizierung übertariflich bezahlt zu werden. Weitere Fragen könnten dann sein:
• Wie gestaltet sich der Arbeitsalltag in dem betreffenden Unternehmen?
• Wie sind die Aufstiegschancen im Unternehmen?
• Wie sind sie Arbeitszeiten bzw. -schichten?
• Was erwartet das Unternehmen von seinen Angestellten?
• Gibt es Möglichkeiten, sich neben dem Job weiterzubilden?
• Wie lange dauert die Probezeit?

Während des Gespräches ist es angeraten, seinem Gegenüber ins Gesicht zu schauen und Blickkontakt zu suchen. Die gestellten Fragen sollten Sie ruhig und sachlich beantworten. Unangenehmen Fragen, wie etwa nach schlechten Schulnoten, sollten Sie nicht ausweichen. Wenn Sie eine Frage, beispielsweise nach der persönlichen Einschätzung der Situation des Buchhandels, nicht beantworten können, sollten Sie lieber sagen: »das weiß ich nicht«, als panisch um die Sache herumzureden. Der Vertreter der Buchhandlung muss den Eindruck gewinnen, dass der Bewerber ehrlich und gewissenhaft antwortet.

Sie sollten auch darauf vorbereitet sein, dass Ihnen eventuell mehrere Personen gegenüber sitzen. Gerne werden heute für Bewerbungsgespräche weitere Mitarbeiter hinzugezogen. Da nicht nur der Chef mit dem oder der ›Neuen‹ auskommen muss, entscheiden häufig auch leitende Angestellte mit über künftige Einstellungen.

Wenn das Vorstellungsgespräch sich dem Ende zuneigt, sollten Sie auf jeden Fall fragen, wie es danach weitergeht: Wann werden Sie von der Entscheidung des Unternehmens unterrichtet, ob es Sie einstellen möchte oder nicht? Wann dürfen Sie anrufen und sich selbst nach dem Stand der Dinge erkundigen? Wie bei der Begrüßung sollten Sie sich auch nach Beendigung des Gespräches mit einem festen Händedruck verabschieden und den Gesprächspartner dabei mit dessen Namen anreden.

5.5
Was Buchhandlungen von Azubis erwarten

»Die Menschen sind wirklich erstaunlich. Sie erwarten einfach, dass man sich für sie interessiert.«   JULES RENARD

Wir haben in acht repräsentativ ausgewählten Buchhandlungen in Deutschland gefragt, was sie von Auszubildenden erwarten, mit welchen Illusionen die Azubis ins Ausbildungsverhältnis eintreten und welche Anforderungen sie stellen, um einen Azubi später zu übernehmen. Hier die Fragen und eine Auswahl an Antworten.

Frage
Was muss ein Auszubildender an Bereitschaft und Wissen mitbringen, um den Beruf des Buchhändlers erlernen/ausüben zu können?
Antworten
– Gute Allgemeinbildung, Neugier, Kontaktfreude.
– Kommunikationsfähigkeit, gute Deutschkenntnisse, Abitur, bürgerlicher Erziehungs- und Bildungshintergrund, Lese-Besessenheit.
– Er muss Menschen mögen.
– Keine Scheu vor Kunden.
– Er muss wissen, dass die Arbeitszeit Schichtdienst bedeutet.
– Es geht um aktives Verkaufen, das heißt, er lernt Verkäufer.

– Interesse an kulturellem Leben.
– Wissen, dass es sich bei dem Beruf des Buchhändlers um einen
Dienstleistungsberuf handelt.
– Mit Fröhlichkeit und Beherztheit auf Menschen zugehen, aufmerk-
sam und freundlich sein.
– Teamfähig sein.
– Lust haben, sich ständig neuen Themen zu öffnen.
– Engagement, Aufgeschlossenheit und Flexibilität.

Frage
Mit welchen Illusionen ergreifen junge Leute den Ausbildungsberuf zum
Buchhändler?
Antworten
– Sie denken, während der Arbeitszeit hätte man Zeit zum Lesen.
– Die jungen Leute wissen nicht, wie viel Fleißarbeit mit dem Beruf
Buchhändler verbunden ist (das heißt räumen und auspacken,
nachbestellen etc.).
– Das Sortiment setzt sich vorwiegend aus Romanen, Comics und
Fantasy-Literatur zusammen.

Frage
Was muss ein Auszubildender gelernt haben, bevor Sie sich entscheiden,
ihn nach seiner Lehrzeit zu beschäftigen?
Antworten
– Kundenorientierung und Kontaktfreude, Freundlichkeit, effizientes
Arbeiten, Zielstrebigkeit.
– Motivation, Disziplin, Ehrgeiz, auch Begabung und persönliche
Eignung sind wichtig – aber auch die Schulnoten müssen stimmen.
– Eine Warengruppe oder eine Abteilung selber zu betreuen (beispiels-
weise Einkaufen), sodass der junge Buchhändler mit allen Schritten
vertraut ist. Interesse am Beruf und über den Tellerrand bzw. die
Ladentür hinaus sollte vorhanden sein.
– Freundlicher und höflicher Umgang mit der Kundschaft, selbstständi-
ges Arbeiten, Freude am Buch und am Erzählen.
– Er sollte liebenswürdig und immer freundlich mit den Menschen
(Kunden/Kollegen/Vorgesetzten) umgehen. Zur Professionalität
gehört, dass man keine ›Launen‹ hat.
– Er sollte Verantwortung übernehmen wollen, sollte sich ins Team
einfügen können und sollte seine Meinungen und Belange sicher und
offen vertreten.
– Er sollte Spaß an wechselnden Aufgaben signalisieren.

6
Praktikum im In- und Ausland

»Die Liebe zum Lernen ist der Weisheit verwandt.«   KONFUZIUS

Eine gute Möglichkeit, Berufsluft zu schnuppern, bietet ein Praktikum. Dadurch können Sie andere Firmen oder andere Bereiche der Branche kennen lernen und den eigenen Wissenshorizont erweitern. Nicht zuletzt kann ein Praktikum auch eine Orientierung sein, wie Sie sich beruflich weiter entwickeln bzw. in welchem Bereich Sie nach der Ausbildung tätig sein möchten. Natürlich ist ein Praktikum auch sinnvoll, wenn es nach dem Schulabschluss um die Frage geht, welche Ausbildung man aufnehmen will. Streben Sie eine Ausbildung zum Buchhändler an, ist es wohl das Beste, sich vorab eine Buchhandlung zu suchen, die einem erste Einblicke erlaubt. Vielleicht entwickelt sich aufgrund der Praktikumstätigkeit sogar die Chance, die Ausbildung in der selben Buchhandlung zu absolvieren. Auch im Rahmen der Schulpraktika ist natürlich ein Praktikum in einer Buchhandlung denkbar.

Nicht alle Buchhandlungen bieten Praktikumsplätze an, gerade kleinere Läden haben oft keine Kapazitäten frei, um sich um Praktikanten zu kümmern. Man darf nicht vergessen, dass Praktikanten für den Betrieb ein erhebliches Maß an Mehraufwand bedeuten: Sie müssen in die Arbeitsabläufe eingeführt werden, bevor man ihnen kleine Verantwortungen überhaupt erst übertragen kann. Wenn der Praktikant eine Arbeit übernommen hat, kontrolliert ein Betriebsangestellter üblicherweise das Ergebnis. Das kostet Zeit, die im Tagesgeschäft aber meist fehlt.

Doch auch wenn man bereits seinen Beruf gefunden hat und im Ausbildungsverhältnis zum Buchhändler steht, sind Praktika nicht nur möglich, sondern sehr nützlich für den eigenen Werdegang. Attraktiv kann es für den angehenden Buchhändler auch sein, ein Praktikum in einem Verlag zu machen, um einmal die ›andere Seite‹ des Buchmarktes kennen zu lernen, nämlich zu erfahren, welchen Weg ein Buch nimmt, bis es fertig im Ladenregal steht: vom Autor über Lektorat, Herstellung (Layout, Satz, Druck), Vertrieb und Marketing bis ins Köfferchen des Verlagsvertreters. Schließlich ist es ja denkbar, dass der ausgebildete Buchhändler seine berufliche Zukunft statt in einer Buchhandlung auch in einem Verlag sieht. Reich gesät sind die Praktikumsangebote im Verlagswesen allerdings nicht. So bedarf es eines erheblichen Engagements, um eine Praktikantenstelle zu ergattern.

Der Auszubildende im Buchhandel hat aber noch mit einer ganz anderen Schwierigkeit zu kämpfen. Ein Praktikum in einem anderen Betrieb während seiner Lehre bedarf der Zustimmung seines Ausbildungsbetriebes. Da die meisten Praktika bei Verlagen auf einen Zeitraum von drei bis sechs Monaten ausgerichtet sind, wird der Auszubildende erfahrungsgemäß über eine so lange Zeit hinweg nicht freigestellt. Aber Sie können sich auch erst nach der abgeschlossenen Lehre um eine Praktikantenstelle bewerben. Hat der Ausbildungsbetrieb bereits deutliche Signale ausgesandt, dass er den Azubi nach der Lehrzeit in seinem Betrieb übernehmen möchte, kann es einfacher sein, für ein Praktikum im In- oder Ausland beurlaubt zu werden. Denn auch die Buchhandlung profitiert von gut geschulten Mitarbeitern. So sollten Sie zumindest argumentieren, wenn Sie ein Praktikum anstreben.

Praktikumsplätze können Sie natürlich auch im Internet recherchieren. Am besten ist, Sie suchen zunächst einmal unter den Jobbörsen, die wir bereits im Kapitel 5.2 vorgestellt haben.

6.1
Praktikum im Inland

»Ich bin die Heimat durchgezogen, und ich habe sie reicher gefunden als ich zu hoffen gewagt habe.«   THEODOR FONTANE

Rund 1.900 Verlage und 80 Zwischenbuchhändler zählt der Börsenverein des Deutschen Buchhandels zu seinen Mitgliedern. Da fällt die Auswahl natürlich schwer. Doch die meisten Verlage spezialisieren sich auf bestimmte Themengebiete, die nicht jedem gleichermaßen attraktiv erscheinen. Interessieren Sie sich eher für Belletristik, kommt ein Kochbuchverlag wohl weniger in Frage. Ein thematisches Verzeichnis der deutschsprachigen Verlage finden Sie in dem Adressverzeichnis *Verlage Deutschland – Österreich – Schweiz sowie Anschriften weiterer ausländischer Verlage mit deutschen Auslieferungen*, das jährlich im Verlag der Schillerbuchhandlung Hans Banger erscheint. Selbstverständlich können Sie auch im Internet recherchieren und die Websites Ihnen bekannter Verlage besuchen. Oder Sie verschaffen sich einen ersten Überblick über die Website www.harenberg.de; dort finden Sie die 100 größten, das heißt umsatzstärksten Verlage. Im selben Unternehmen erscheinen jährlich im März und April in den Printausgaben der Fachzeitschrift *buchreport.magazin* die 100 größten Verlage sowie die 100 größten Buchhandlungen.

Den schnellsten Überblick über die Verlagsszene gewinnen Sie aber auf den jährlich stattfindenden Frankfurter oder Leipziger Buchmessen. Dort sind die meisten Verlage mit ihrem aktuellen Programm vertreten. Man trifft auf der Messe auch Ansprechpartner der Verlage, die man einfach mal in punkto Praktikum ›anhauen‹ kann. Zumindest können die dortigen Mitarbeiter Auskunft geben, an wen man sich mit der Bitte um einen Praktikumsplatz wenden kann. Außerdem können Sie dort das Programm des jeweiligen Verlages sichten und sich neue Anregungen holen. Zu beiden Messen erscheint ein Verzeichnis über die Aussteller, das darüber Auskunft gibt, in welcher Halle welcher Verlag zu finden ist.

Natürlich können Sie sich blind bewerben und eine Vielzahl von Bewerbungsschreiben an diverse Verlage losschicken. Doch viel Erfolg versprechender ist der direkte Kontakt zu einem Unternehmen. In den meisten Fällen wird man zwar nicht persönlich mit Mitarbeitern in den Personalabteilungen von Verlagen bekannt sein. Doch das so genannte Vitamin B fängt schon früher an. Warum nicht einfach den Verlagsvertreter, der regelmäßig in die Buchhandlung kommt, fragen, ob er einen Ansprechpartner im Verlag kennt? Vielleicht bietet der Vertreter sogar selbst an, den Kontakt zu dem verantwortlichen Personalreferenten herzustellen.

Versuchen sollten Sie auch, über einen buchhändlerischen Landesverband Kontakt zu einem Verlag herzustellen. Dort ist möglicherweise bekannt, welche Verlage Praktika anbieten. In den regelmäßig erscheinenden Verbandsinformationen sind mitunter auch Praktikumsangebote zu finden.

Wie bei der Wahl der Ausbildungsstätte stellt sich auch für das Praktikum die Frage: Großer oder kleiner Betrieb? Hier lässt sich keine pauschale Aussage treffen. Denn in einem kleinen Verlag kann man durch die ›intime‹ Atmosphäre unter Umständen leichter Arbeitsabläufe erkennen und sich darin einbringen. Es kann aber auch das genaue Gegenteil der Fall sein, weil den Kollegen im kleinen Unternehmen oft die Zeit fehlt, sich ausführlich dem Praktikanten zu widmen und Arbeit zu delegieren. Auch in großen Unternehmen gibt es keine Garantie, wie viel man selbst machen darf. Zwar bietet ein großer Betrieb mehr Möglichkeiten, es besteht aber auch die Gefahr, in der Anonymität des Unternehmens ›unterzugehen‹. Deshalb ist es wichtig, sich vor einem Praktikum gut über den Betrieb und das angebotene Praktikum zu informieren.

Bewerbung um ein Praktikum

Auf eine Praktikantenstelle bewirbt man sich schriftlich. Dabei müssen die gleichen formalen Kriterien wie bei jeder anderen Bewerbung auch

erfüllt werden. Doch vor der Bewerbung sollten Sie zuallererst die Frage klären, ob das Unternehmen überhaupt Praktika anbietet und ob Ihnen der Geschäftsbereich des Verlages zusagt. Des Weiteren sollten Sie Folgendes wissen, um sich nicht vergebens zu bewerben:
• Über welchen Zeitraum erstreckt sich das Praktikum?
• Bis wann muss ich mich bewerben?
• Wie alt darf ich maximal sein?
• Wie lauten die zusätzlichen Voraussetzungen, die ich mitbringen muss (Schulbildung, abgeschlossene Lehre, Sprachkenntnisse, etc.)?

Folgt auf die Bewerbung die Einladung zum Vorstellungsgespräch, haben Sie bereits eine wichtige Stufe erklommen. Jetzt zählt vor allem der persönliche Eindruck. Doch Achtung: Hier kann man zwar alles wettmachen, was die schriftliche Bewerbung nicht ausgesagt hat. Aber ein persönliches Gespräch kann auch zum Stolperstein werden. Deshalb sollten Sie natürlich die allgemeinen Ratschläge zum Vorstellungsgespräch beachten, die wir im fünften Kapitel gegeben haben. Aber darüber hinaus empfiehlt es sich, sich gut auf das Unternehmen vorzubereiten. Denn selbst wenn es ›nur‹ um ein Praktikum geht, erwarten Betriebe, dass man sich vorab zumindest in groben Zügen über das Programm und den Geschäftsbereich informiert hat. Über das Internet erhält man in der Regel sehr unkompliziert einen ersten Überblick. Ferner kann man sich über die PR- oder Marketingabteilung des Verlages Informationen über das Unternehmen zusenden lassen. Damit das Praktikum nicht die individuellen Erwartungen enttäuscht, sollte man im Bewerbungsgespräch einige wichtige Fragen stellen:
• In welchen Bereichen werde ich eingesetzt?
• Darf ich aktiv an der Produktion mitarbeiten?
• Habe ich einen festen Arbeitsplatz?
• Lerne ich in einer Art Rundlauf das ganze Unternehmen kennen?
• Was sind die Inhalte des Praktikums?
• Welche Erwartungen stellt das Unternehmen an mich?
• Wer ist meine Betreuungsperson, mein Ansprechpartner im Praktikum?

Diese Fragen sollten dazu führen, dass Sie mit dem Praktikumsanbieter eine Zielvereinbarung treffen. Hierzu gehört auch die Ausstellung eines Zeugnissses, das dem Praktikanten spätestens vier Wochen nach Ende der Praktikumszeit ausgehändigt wird. Dieses sollte deutlich machen, welche Bereiche der Praktikant im Unternehmen durchlaufen hat, an welchen Projekten er mitgearbeitet und welche Qualifikationen er erworben hat. Es ist also angeraten, selbst darüber Buch zu führen, welche Tätigkeiten man im Verlauf des Praktikums ausgeführt hat. Selbstverständlich sollte in dem Zeugnis die Arbeit des Praktikanten auch bewertet werden.

Wichtig sind für den Praktikanten in spe auch andere Fragen wie:
• Wird mein Praktikum vergütet?
• Wie sind meine Arbeitszeiten?
• Habe ich Anspruch auf Urlaubstage?
• Muss ich mich um eine Unterkunft während des Praktikums kümmern?

Doch sind dies keine Fragen fürs Bewerbungsgespräch, macht es doch einen schlechten Eindruck, wenn Sie sich zuallererst nach Geld und Freizeit erkundigen. Diese Punkte kann man vorab über die Personal- bzw. Ausbildungsabteilung erfragen. Man sollte sich aber darauf einstellen, dass viele Praktika, auch wenn sie mehrere Monate lang dauern, nicht bezahlt oder nur mit sehr niedrigen Aufwandsentschädigungen abgegolten werden.

6.2
Praktikum im Ausland

»Wenn du unter Fremden bist, singe nicht allein, sondern mit im Chor.«
AFRIKANISCHES SPRICHWORT

Für das Praktikum im Ausland gelten ähnliche Maßstäbe wie für das im Inland. Allerdings fällt die Auswahl eines Unternehmens weitaus schwerer, weil man mit der Branche im Ausland weit weniger vertraut ist. Verzeichnisse über Verlage im Ausland sind über den jeweiligen Verband des entsprechenden Landes zu beziehen. Für die schriftliche Bewerbung gelten die gleichen Kriterien wie im vorangegangenen Kapitel dargestellt. Allerdings bringt ein Praktikum im Ausland zusätzliche organisatorische Probleme mit sich, muss man sich doch beispielsweise zusätzlich um eine Unterkunft kümmern. Außerhalb der Europäischen Union braucht man außerdem eine Aufenthaltsgenehmigung und ein Arbeitsvisum. Man sollte davon ausgehen, dass ausländische Verlage gute Kenntnisse der Landessprache erwarten. Mit einer Vergütung sollten Sie im Ausland nicht rechnen. Es ist empfehlenswert, sich vorab mit den landeskundlichen Begebenheiten, auch im Hinblick auf den Buchmarkt, vertraut zu machen.
Doch nun zu einigen Möglichkeiten, wie Sie Kontakte zum Ausland herstellen können. Quelle für die folgenden Informationen ist die Website www.ausbildung-buchhandel.de/praktikum/auslandspraktikum des buchhändlerischen Landesverbandes Bayern. Dieser Landesverband bietet auf seiner Website zahlreiche Links und Kontaktadressen.

Zentralstelle für Arbeitsvermittlung (ZAV)

Die Zentralstelle für Arbeitsvermittlung, eine Stelle des Arbeitsamtes, er-
möglicht und verhilft Interessenten zu einem Praktikumsplatz u. a. in
Großbritannien und Frankreich. Die ZAV arbeitet bei der Vermittlung
entweder direkt mit ausländischen Arbeitgebern oder mit zumeist ge-
meinnützigen Partnerorganisationen zusammen, die auf kostendeckende
Arbeitsweise angewiesen sind. Für die Leistung der ZAV werden keine
Gebühren erhoben, aber unter Umständen Bearbeitungsgebühren der
Partnerorganisationen.

In Großbritannien werden Praktika unter anderem in den Bereichen
Verkauf, Marketing, Finanzwesen und Verwaltung angeboten. Die Be-
schäftigungsorte sind verschiedene englische Städte. Die Praktika können das ganze Jahr ab einer Dauer von 3 Wochen vermittelt werden. Die
Reisekosten, Vermittlungsgebühren für das Praktikum und die Kosten für
die Unterkunft tragen die Teilnehmer. Dieses Programm richtet sich an
alle Abiturienten mit Joberfahrung, Studierende und Auszubildende sowie Berufsstarter im Alter zwischen 18 und 35 Jahren mit EU-Staatsan-
gehörigkeit. Voraussetzung sind gute Englischkenntnisse und praktische
und/oder theoretische Vorkenntnisse im gewünschten Fachbereich.

Frankreich bietet in Paris und anderen Städten Praktika unter anderem in den Bereichen Verkauf, Marketing, Sekretariat, Finanz- und
Rechnungswesen, Medien/Werbung und Informatik an. Die Dauer der
Beschäftigung beträgt zwischen einem und vier Monaten. Auch hier müssen sämtliche Kosten vom Teilnehmer entrichtet werden. Teilnehmen
können an diesem Programm Studenten(innen), die an einer deutschen
Hoch- oder Fachhochschule eingeschrieben sind, und junge Berufstätige
zwischen 18 und 26 Jahren mit Staatsangehörigkeit eines EU-Landes. Eine weitere Voraussetzung: gute französische Sprachkenntnisse und praktische Erfahrung durch Ferienjobs, Praktika oder eine Ausbildung im an-
gestrebten Bereich.

European Employment Services (EURES)

EURES steht für European Employment Services – ein Kooperations-
netz, dem die Europäische Kommission, die öffentlichen Arbeitsverwal-
tungen der Länder des Europäischen Wirtschaftsraums (EWR) und der
Schweiz sowie andere, mit Beschäftigungsfragen befasste nationale und
regionale Akteure angehören, etwa Gewerkschaften, Arbeitgeberverbän-
de, regionale und lokale Gebietskörperschaften. Aufgabe des EURES-
Netzes ist es, Dienstleistungen für Arbeitskräfte und Arbeitgeber anzu-
bieten, die vom Recht auf Mobilität und Freizügigkeit Gebrauch machen

möchten. In diesem Sinne versteht sich EURES als das europäische Portal zur beruflichen Mobilität. EURES unterscheidet drei Arten von Dienstleistungen: Information, Beratung und Vermittlung (Abstimmung von Stellenangeboten und Arbeitssuche).

EURES-Berater sind ausgebildete Fachkräfte, die spezifische Fachkenntnisse in allen Fragen der Arbeitskräftemobilität besitzen – seien diese praktischer, rechtlicher oder verwaltungstechnischer Natur. Insgesamt gibt es über 500 EURES-Berater, in der Bundesrepublik allein rund 40. Sie haben nicht nur direkten Zugriff auf Stellenangebote in den jeweiligen Ländern, sondern können auch Ansprechpartner vor Ort nennen und über Lebens- und Arbeitsbedingungen im Ausland informieren. Diese Beratungsstellen sind eher für junge Arbeitnehmer gedacht, die nach Abschluss ihrer Ausbildung Berufserfahrungen im Ausland sammeln wollen. Doch lassen sich dort auch Praktikumsangebote abfragen.

Europäische Berufsberatungszentren

Die Europäischen Berufsberatungszentren sind die Praktikumsvermittlung des Arbeitsamts für das Ausland. Sie informieren über Sprachkurse und Arbeitspraktika in 16 europäischen Ländern. 14 ausgewählte Arbeitsämter in der Bundesrepublik sind jeweils für ein oder zwei Partnerländer zuständig. In diesen Ämtern helfen Berufsberater bei allen Fragen wie etwa Bewerbungsverfahren oder Anerkennung der Ausbildungsabschlüsse weiter.

EUROPASS-Berufsbildung

Wer Weiterbildungsmaßnahmen in einem Land der Europäischen Union absolviert, kann sich diese seit dem 1. Januar 2000 offiziell bescheinigen lassen. Dabei ist es zweitrangig, ob es sich um einen Teil der Ausbildung, eine berufliche Weiterbildung, ein Praktikum im Rahmen einer Berufsausbildung oder um eine Umschulung handelt. Es ist jedoch zu beachten, dass der EUROPASS nicht von einer Einzelperson beantragt werden kann, sondern nur von Betrieben oder Bildungseinrichtungen, von der die Aus- bzw. Weiterbildung getragen wird. Im EUROPASS-Berufsbildung wird vom jeweiligen Arbeitgeber bzw. von der jeweiligen Bildungseinrichtung genau eingetragen, welche beruflichen Inhalte während des Aufenthalts vermittelt wurden. In diesem Sinne funktioniert der EUROPASS-Berufsbildung wie ein individuelles Ausbildungsarchiv.

Und so funktioniert das Procedere: Berufsschule oder der Betrieb suchen zusammen mit dem Azubi eine Partnerorganisation im Ausland.

Dann vereinbart der Ausbildungsbetrieb mit dem ausländischen Partner im Rahmen eines Abkommens Inhalte, Dauer und Modalitäten des Aufenthalts. Die deutsche Ausbildungsstätte stellt dem Auszubildenden den EUROPASS aus, indem sie Informationen über seine Person sowie seine Berufsausbildung einträgt. Dann kann die Reisevorbereitung eigentlich schon beginnen.

Erste Adresse bei allen Fragen rund um den EUROPASS ist die Internationale Weiterbildung und Entwicklung gGmbH (InWEnt) in Köln. Hier die E-Mail und Webadressen: EUROPASS@inwent.org, www.europass-berufsbildung.de und www.europa.inwent.org.

Internationale Organisationen des Buchhandels

Wer selbst die Initiative ergreifen und sich um ein Praktikum im europäischen Ausland kümmern will, dem werden die folgenden Adressen nationaler Verbände der Buchbranche helfen. Dort ist bekannt, wie man sich um Praktika im entsprechenden Land bewirbt. Zumindest können diese Institutionen weitere Ansprechpartner nennen. Im Folgenden werden nur die Fachverbände aufgezählt. Telefon- und Faxnummern sowie – sofern vorhanden und freigeschaltet – E-Mail-Adessen und Webites sind der bereits erwähnten Website www.ausbildung-buchhandel.de unter dem Programmpunkt Volontariat und Praktikum, Unterpunkt Auslandspraktikum zu entnehmen.

INTERNATIONALE FACHVERBÄNDE

BELGIEN – Chambre professionelle belge de la librairie ancienne et moderne

DÄNEMARK – De Danske Boghandlerforening

FRANKREICH – Fédération française Syndicale de la Librairie

GRIECHENLAND – Hellenic Federation of Publishers' and Booksellers (H.F.P.B.)

GROSSBRITANNIEN – The Booksellers Association of the United Kingdom & Ireland Limited

IRLAND – The Irish Book Publishers' Association

ITALIEN – Associazione Italiani Editori

KANADA – Canadian Booksellers Association

LUXEMBURG – Fédération Luxembourgeoise des Editeurs des Livres

NIEDERLANDE – Koninklijke Vereniging van het Boekenvak

ÖSTERREICH – Hauptverband des Österreichischen Buchhandels

PORTUGAL – Associaçáo Portuguesa de Editores e Livreios

SCHWEDEN – Svenska Bokhandlareföreningen

SCHWEIZ – Schweizerischer Buchhändler- und Verleger-Verband SBVV

SPANIEN – Federación Espanolas des Gremios y Asociacions de Libreros
C.E.G.A.L.
USA – American Booksellers Association sowie Association of American
Publishers' Inc.

Die internationale Dachorganisation Internationale Buchhändler-Vereinigung (IBV) [International Booksellers Federation (IBF)/Fédération Internationale des Libraires (FIL)] hat ihren Sitz in Brüssel. Seit 1957 organisiert sie den International Congress of Young Booksellers (ICYB). Dieser ›Kongress‹ für junge Buchhändler ist zwar keine eigentliche Fortbildungsmöglichkeit für Buchhändler, aber dennoch eine gute Möglichkeit, im Austausch mit Buchhändlern aus über 15 Ländern Erfahrungen zu sammeln. Das Treffen der so genannten YoBos findet jedes Jahr in einem anderen Land statt.

Neben einem Programm, das den Buchhandel des jeweiligen Gastlandes mittels Besuchen von Buchhandlungen vor Ort und der Diskussion allgemeiner Buchhandelsthemen vorstellt, die länderübergreifend interessant sind gibt es immer die so genannten Country Reports. Hier berichtet jedes Land über die Situation im eigenen Land. Auf der darauf folgenden Buchmesse trifft man sich dann noch einmal, auch um gemeinsam mit den anderen Landesvertretern den nächsten Kongress vorzubereiten. Zu diesem Anlass präsentiert sich auch immer das Land, welches im kommenden Jahr der Gastgeber für den Kongress sein wird. Trägt man sich mit Gedanken an ein Kurzpraktikum im Ausland, kann man hier auch den einen oder anderen Buchhändler kennen lernen, der Kontakte zu einem ausländischen Partnerunternehmen vermitteln kann. Wer an dem Kongress teilnehmen möchte, kann sich beim Sortimenter-Ausschuss des Börsenvereins des Deutschen Buchhandels die Adressen der aktuellen Organisatoren geben lassen.

Deutsch-französischer Praktikantenaustausch des Börsenvereins

Gemeinsam mit dem Börsenverein des Deutschen Buchhandels und France Edition organisiert das Deutsch-Französische Jugendwerk (DFJW) ein Austauschprogramm für Buchhändler und Verlagskaufleute bis 30 Jahre. Das Programm umfasst einen Zeitraum von etwa vier Monaten mit den Zielen:
• mit der Literatur Frankreichs vertraut zu werden;
• etwas über die Struktur und Arbeitsweise des herstellenden und
  verbreitenden Buchhandels zu erfahren;
• grenzüberschreitende Kooperationsmöglichkeiten herauszufinden;

- die dort üblichen Formen des Marketings, der Werbung und der Präsentation kennen zu lernen;
- Wege zur Beschaffung der Originalliteratur des Nachbarlandes zu ermitteln.

In jedem Jahr werden von April bis Juni je zehn Nachwuchskräften ein Arbeitspraktikum im anderen Land ermöglicht, dem im März ein vierwöchiger Sprachkurs vorgeschaltet wird. Das Deutsch-Französische Jugendwerk gewährt jedem Teilnehmer des Programms einen Zuschuss von 30,– Euro pro Tag für Unterkunft und Verpflegung und erstattet die Fahrtkosten. Auf deutscher Seite wird das Programm vom Börsenverein des Deutschen Buchhandels getragen. Interessenten müssen eine abgeschlossene Ausbildung zum Buchhändler oder zum Verlagskaufmann nachweisen. Bevorzugt werden Bewerber mit Berufserfahrung im erlernten Beruf. Die Abteilung für Berufsbildung prüft die Bewerbungen in Zusammenarbeit mit der Abteilung Internationales Marketing und Vertrieb der Ausstellungs- und Messe GmbH des Börsenvereins. Geeignete Bewerber werden zur persönlichen Vorstellung eingeladen. Bewerbungsstichtag ist der 1. September eines jeden Jahres für das Austauschprogramm des Folgejahres. Die Abteilung für Berufsbildung des Börsenvereins des Deutschen Buchhandels übernimmt die Organisation.

7
Weiterbildung und Karriere im Buchhandel

»Lernen ist wie Rudern gegen den Strom. Sobald man aufhört, treibt man zurück.«
BENJAMIN BRITTEN

Nach Ende der Ausbildung stellt man sich gerne Fragen zur beruflichen Zukunft, vor allem dann, wenn der Ausbildungsbetrieb einen nicht übernimmt oder man möglicherweise andere Pläne hat: Was interessiert mich am eigenen Beruf besonders, in welchem Bereich will ich weiterarbeiten, worauf kann ich mich spezialisieren oder was will ich über meine Ausbildung hinaus noch lernen. Kommen Sie zu dem Schluss, dass das bislang erworbene Wissen Sie nicht zufrieden stellt, so macht es Sinn, sich eigene Ziele zu setzen und zu überlegen, welche Weiterbildungsmöglichkeiten sich anbieten könnten. Die Angebote an Weiterbildungsmöglichkeiten, die die Buchbranche zu bieten hat, sind vielfältig und wenden sich an verschiedene Zielgruppen. Aber natürlich können Sie bereits während der Ausbildung Ihr Wissen vertiefen und Zusatzqualifikationen erwerben. Wer sich weiterbildet, ist den sich wandelnden Herausforderungen der Buchbranche besser gewachsen. Die Veranstaltungen richten sich an Auszubildende und Fachkräfte in Buchhandel und Verlag, an Existenzgründer, Inhaber und Führungskräfte sowie an Neu- und Seiteneinsteiger.

7.1
Seminare, Workshops und Lehrgänge

»Was hilft es, seinen Wagen besser lenken zu lernen, wenn man am Ende der Fahrt ist?«
JEAN-JACQUES ROUSSEAU

Branchen- und fachspezifische Seminare und Informationsveranstaltungen werden hauptsächlich von den buchhändlerischen Landesverbänden und den Schulen des Deutschen Buchhandels in Frankfurt im Rahmen des Seckbacher Kollegs angeboten. Dabei kann es sich um kurze Informationsveranstaltungen, Ein- oder Mehrtagesseminare, Prüfungsvorbe-

reitungsseminare, Workshops, Erfahrungsaustauschrunden und Sympo-
sien handeln. Die Seminare befassen sich mit unterschiedlichen Bereichen wie Warenkunde, Einkauf, Öffentlichkeitsarbeit/Presse, Markting/
Verkauf, EDV/Internet und Führung/Organisation.

Natürlich kosten diese Seminare alle etwas, und Urlaub muss man
sich gegebenenfalls auch dafür nehmen. Aber vielleicht lässt sich eine
Reglung mit dem Chef treffen. Auf jeden Fall macht es sich sehr gut,
schon während der Ausbildung einzelne Bereiche zu vertiefen und damit
Zusatzqualifikationen zu erwerben.

Seit 2003 gibt es eine Seminardatenbank, die alle Aktivitäten der Landesverbände des Börsenvereins des Deutschen Buchhandels und der
Schulen des Deutschen Buchhandels bündelt und übersichtlich präsentiert. Unter der Adresse www.fortbildung-buchhandel.com können Sie bequem
nach Inhalten/Themen, Referenten, Bundesländern und nach Terminen
suchen. Unter der Überschrift Praxis-Know-how für die Buchbranche
sind im Jahr 2004 mehr als 250 Seminare für Mitarbeiter in Sortiment
und Verlagen angeboten worden. So Sie an einem Newsletter mit Informationen zu den nächsten Seminaren interessiert sind, können Sie diesen formlos unter Angabe Ihrer Mailadresse anfordern.

Zwei Seminare, die sich in erster Linie an Auszubildende richten, sei-
en hier hervorgehoben. Es sind zum einen die *Prüfungsvorbereitungs-
seminare*, die von den Landesverbänden Baden-Württemberg, Nordrhein-Westfalen, Hessen und Niedersachsen angeboten werden, sowie
der 4-Wochen-Lehrgang *Basiswissen Buchhandel*, der überwiegend von
Auszubildenden als Ergänzung ihres Berufsschulunterricht vor Ort besucht wird. Der Lehrgang Basiswissen Buchhandel, der sich intensiv mit
den Bereichen Sortimentskunde, Verlagswesen und der internationalen
Literatur im 20. Jahrhundert auseinandersetzt, sollte im letzten Ausbildungsjahr besucht werden. Eine Freistellung vom Betrieb ist erforderlich.
Begleitend zu dem Lehrgang finden Abendveranstaltungen wie z. B. Au-
torenlesungen, Verlegerabende, Vorträge und Diskussionen statt. Dieser
Lehrgang wird in der Regel einmal jährlich im Frühjahr angeboten.

Neben diesen Seminaraktivitäten sollen auch die Veranstaltungen der
Akademie des Deutschen Buchhandels in München kurz erwähnt werden. Da diese sich aber gezielt an Führungskräfte und Entscheidungsträ-
ger, zumeist in Verlagen, wenden, brauchen wir an dieser Stelle nicht
näher auf sie einzugehen. Wer mag, kann sich einen Eindruck auf der
Website www.buchakademie.de verschaffen.

Besondere Erwähnung verdient der Fernunterricht *Grundwissen
Buchhandel*. Dieser Kurs richtet sich vornehmlich an Personen, die im
Buchhandel tätig sind und keine Ausbildung zum Buchhändler absolvieren, sich jedoch buchhändlerisches Grundwissen aneignen wollen. Als
kursinternes Fortbildungsziel ist die Vermittlung des theoretischen Ba-

siswissens für die Ausbildung einer qualifizierten Tätigkeit im Buchhandel festgeschrieben. Der Fernkurs dauert 18 Monate und beinhaltet drei begleitende Präsenz-Seminare in Frankfurt-Seckbach. Erworben wird das Zertifikat ›Absolvent des Fernunterrichts Grundwissen Buchhandel‹. Einige Absolventen unterziehen sich nach erreichtem Abschluss ohne größere Schwierigkeiten auch der Externenprüfung vor einer IHK.

7.2
Ausbildereignungsprüfung

»Was sie gestern gelernt, das wollen sie heute schon lehren.« FRIEDRICH SCHILLER

Die Prüfung zum Ausbilder wird in der Regel vor der IHK abgelegt, kann aber auch im Rahmen des Buchhandelsfachwirt-Studiums an den Schulen des Deutschen Buchhandels absolviert werden. Wer selbst ausbilden kann, hat bereits ein erstes Plus an Qualifizierung im Bereich Personalwesen in der Tasche; seine Qualifizierung kann unter Umständen sogar ausschlaggebend dafür sein, dass eine Buchhandlung überhaupt ausbilden kann. Die Ausbilder haben in ihrem Betrieb eine Schlüsselrolle bei der Umsetzung von Ausbildungsinhalten. Sie sind zuständig für die qualifizierte Nachwuchsförderung. Allerdings ist der Stellenwert dieses Abschlusses dadurch gemindert, dass – zunächst begrenzt bis zum Jahre 2007 – ausbildende Betriebe nicht zwangsläufig einen Beschäftigten mit Ausbildereignungsprüfung nachweisen müssen.

Über Prüfungsinhalte und Zulassungsvoraussetzungen zur Prüfung informieren die IHKn, die auch über die fachliche, persönliche und berufspädagogische Eignung befinden. Der berufsbegleitende Lehrgang bei der IHK Frankfurt – hier als Beispiel genannt – besteht aus etwa 125 Wochenstunden. Er beinhaltet sieben so genannte Handlungsfelder:
• Allgemeine Grundlagen;
• Ausbildung planen;
• Auszubildende einstellen;
• am Arbeitsplatz ausbilden;
• Lernen fördern;
• Gruppe anleiten;
• Ausbildung beenden.

7.3
Fachwirt (IHK)

»Drei Dinge machen den Meister: Wissen, Können und Wollen.«

DEUTSCHES SPRICHWORT

Es gibt verschiedene Fachwirtprüfungen vor den IHKn, von denen allerdings nur zwei für Buchhändler relevant sind: der Buchhandelsfachwirt
sowie der Handelsfachwirt. Besonderes Gewicht legen wir dabei im Folgenden auf den branchenspezifischen Buchhandelsfachwirt.

Buchhandelsfachwirt (IHK)

Der Buchhandelsfachwirt ist eine Weiterbildungsmaßnahme, die Qualifikationen im Bereich des vernetzten unternehmerischen Denkens mit
handlungsorientiertem Ansatz, Führungstechniken und modernes Personalmanagement sowie die Entwicklung von Entscheidungshilfen für die
Unternehmensführung vermitteln will. Aber auch die Koordination der
verschiedenen betrieblichen Bereiche unter dem Primat des Marketing
soll erlernt werden. Natürlich vermittelt der Lehrgang in erster Linie das
fachspezifische Handelswissen in vertiefender Form für den Sortimentsbuchhändler. Neben der Vermittlung von weitreichender kaufmännischer Kompetenz soll dieser Lehrgang auf Führungsaufgaben im Handel
vorbereiten. Mitunter wechseln die Buchhandelsfachwirte nach abge-
schlossener Prüfung auch die ›Fronten‹ und arbeiten im Kundendienst
der Großhändler oder im Vertrieb der Verlage.
    Zielgruppen sind Buchhändler, die eine abgeschlossene Lehre hinter
sich haben, und Seiteneinsteiger, die bereits länger in der Branche arbeiten. Im Klartext: ohne fundierte Branchenerfahrung keine Zulassung.
Aber alle, die sich auf Fach- oder Führungsaufgaben vorbereiten möchten, liegen hier mit ihrer Entscheidung richtig. Der Kurs wird aber auch
von Teilnehmern besucht, die sich selbstständig machen oder den elter-
lichen Betrieb übernehmen wollen. Der Buchhandelsfachwirt bietet eine
Qualifikation, die weit über den Abschluss einer Ausbildung hinaus geht,
aber nicht ein zusätzliches Vollzeitstudium erfordert.
    Der Buchhandelsfachwirt kann seit 2003 berufsbegleitend in vier Mo-
dulen erworben werden. Das erste Modul widmet sich schwerpunkt-
mäßig dem Thema Personalmanagement, das zweite den Bereichen
Rechnungswesen, Unternehmensführung und betriebliche Organisation,
während das dritte Modul sich auf absatzstrategische Maßnahmen im
Rahmen des Marketing konzentriert. Im vierten Modul werden die Prüfungsfächer Literatur und Grundlagen der Volks- und Betriebswirt-

schaftslehre vermittelt und wird die Fachwirtprüfung abgenommen. Ziel ist das Bestehen der Ausbildereignungsprüfung im ersten und der Buchhandelsfachwirtprüfung an der IHK in Frankfurt am Main im vierten Modul.

Diese Weiterbildungsmaßnahme wird in der gesamten Bundesrepublik nur von der Fachschule des Deutschen Buchhandels angeboten, die zum Leistungsspektrum der Schulen des Deutschen Buchhandels in Frankfurt-Seckbach gehört. Während der Dauer der einzelnen Module kann eine Unterbringung im Gästehaus der Schulen des Deutschen Buchhandels in Einzel- oder Doppelzimmern erfolgen. Studierende haben grundsätzlich einen gesetzlichen Anspruch auf staatliche Förderung im Rahmen des so genannten Meister-Bafögs, das im Aufstiegsfortbildungsgesetz (AFBG) festgelegt ist.

Handelsfachwirt (IHK)

Neben dem Buchhandelsfachwirt gibt es den Handelsfachwirt, auch fachkaufmännischen Fachwirt genannt. Dieser Fachwirt ist die kaufmännische Führungskraft einer Branche. Wer sich zum Fachwirt weiterbilden lässt, wird zu einem berufserfahrenen Branchenspezialist mit erweiterten und vertieften betriebswirtschaftlichen Kenntnissen. Natürlich ist diese Weiterbildungsmöglichkeit allgemeinerer kaufmännischer Natur als die zum Buchhandelsfachwirt. Aber auch hier gilt: Wer sich zum Handelsfachwirt weiterbildet, wird als aufstiegsbewusster Mitarbeiter angesehen, der vorankommen will.

Der Handelsfachwirt sollte nach dem Ablegen seiner Prüfung vor allem über ein erweitertes und vertieftes kaufmännisch-betriebswirtschaftliches Wissen, das so genannte Handelswissen, verfügen, um Organisations- und Führungsaufgaben im Handelsbetrieb übernehmen zu können. In der Prüfung hat man als Handelsfachwirt Kenntnisse in folgenden Gebieten nachzuweisen:
• Betriebswirtschaftslehre des Handels;
• betriebliche Organisation und Unternehmensführung;
• Kosten- und Leistungsrechnung;
• Betriebliches Personalwesen;
• Beschaffung und Lagerhaltung;
• Absatz;
• Volkswirtschaftliche Aspekte.

Über das Angebot der IHK informiert die Website www.ihk.de. Dort kann man über eine Suchmaschine auch die jeweiligen Angebote der zuständigen Kammer abfragen.

7.4
Studium und Berufsakademien

»Zu viel Zeit mit Studieren zu verbringen, ist Faulheit; es nur als Schmuck zu verwenden, Affektiertheit; nur danach zu urteilen, Gelehrtenwahn.«   FRANCIS BACON

An fünf verschiedenen Universitäten und Hochschulen in der Bundesrepublik Deutschland werden verschiedene branchenspezifische Studiengänge angeboten. Damit ist Deutschland das Land mit dem größten Angebot an Lehre und Forschung im Bereich Sortiment, Verlag und Buchwissenschaft in Europa. Darüber hinaus gibt es noch diverse andere Studiengänge, die sich im weiteren Sinne mit dem Buchbereich beschäftigen, wie etwa die Fachrichtungen Mediengestaltung, Medienmanagement, Medien- und Informationswesen, Medienwirtschaft, auf die hier aber nicht näher eingegangen werden soll. Buchbezogene Studiengänge gibt es in Erlangen, Leipzig, Mainz, München und Stuttgart. Auf vier von Ihnen sei besonders hingewiesen.

Einen achtsemestrigen *Studiengang Buchhandel/Verlagswirtschaft* bietet die Leipziger Hochschule für Technik, Wirtschaft und Kultur im Fachbereich Buch und Museum an. Die Studienabsolventen nennen sich Diplom-Buchhandelswirt/in (FH) und sollen nicht nur im klassischen Buchhandels- und Verlagswesen, sondern auch in anderen Branchen der Kulturwirtschaft Führungsaufgaben wahrnehmen.

Acht Semester Regelstudienzeit muss man auch für das Studium der Buchwissenschaft am Institut für Buchwissenschaft der Johannes-Gutenberg-Universität in Mainz veranschlagen. Das Studium besteht dort aus zwei Schwerpunkten. Ein kulturwissenschaftlicher Schwerpunkt befasst sich mit der Druck-, Verlags- und Kulturgeschichte bzw. der Geschichte der Wissensvermittlung von der Antike bis zur Gegenwart. Der zweite Schwerpunkt widmet sich praxisbezogenen Themen, wie etwa Analysen der aktuellen Situation des Buchmarktes oder aber ökonomischen Aspekten der Buchbranche.

Ebenfalls nach acht Semestern kann man an der Friedrich-Alexander-Universität in Erlangen/Nürnberg sein Studium abschließen. Studieninhalt ist die Beschäftigung mit handschriftlichen, gedruckten und elektronischen Texten und Dokumenten vom Altertum bis zur Gegenwart. Dies schließt moderne Buchhandels- und Verlagsthemen, wie beispielsweise das elektronische Publizieren, mit ein.

Ein Studium für mittlere und höhere Management-Tätigkeiten im gesamten Buchhandel gibt es auch in München: den *Diplomstudiengang Buchwissenschaft*. Die Besonderheit dieses Studienlehrgangs ist darin zu sehen, dass die Studenten neben der allgemeinen oder fachgebundenen Hochschulreife auch eine abgeschlossene Lehre im herstellenden oder verbreitenden Buchhandel nachweisen müssen. Der Diplomstudiengang kombiniert ein aus dem geisteswissenschaftlichen Magisterstudium frei gewähltes Fach mit buchhandels- und verlagsspezifischen Inhalten und branchenspezifischer Betriebswirtschaft. Hinzu kommen Buchhandelsgeschichte und Theorie des Buchhandels. Die Praxisnähe wird durch einen Beirat aus Verlegern und Sortimentern gewährleistet, die die Planung des Studiums begleiten und die Vermittlung aktueller berufspraktischer Fertigkeiten unterstützen. Auch mit dem Abschluss dieses Diplomstudienganges kann man so gut wie in allen Bereichen eines Verlages und in der Presse- und Öffentlichkeitsarbeit unterkommen.

Auf den Buchmessen in Leipzig und in Frankfurt gibt es immer einen Stand *Studium rund ums Buch*, an welchem man sich über die aktuellen Angebote der hier vorgestellten Universitäten und Studiengänge rund ums Buch direkt bei den Studenten der verschiedenen Studiengänge informieren kann. Eine detaillierte Übersicht bietet auch die Broschüre *medium buch. Fortbildung im Buchhandel für Sortiment und Verlag*, die die Abteilung Berufsbildung des Börsenvereins jährlich aktualisiert.

Erwähnt werden sollen auch die Berufsakademien in Mannheim, Ravensburg und Heidenheim mit unterschiedlichen Schwerpunkten, die den Abschluss Diplom-Betriebswirt (BA) anbieten. Abschließend eine Übersicht über ausgewählte Studienmöglichkeiten (Stand Oktober 2004).

Studiengang	Studienort	Studienabschluss
Fachschul-Studiengang	Frankfurt-Seckbach	Fachwirt/in des Buchhandels (IHK)
Studium der *Buchwissenschaft*	Universität Erlangen	Magister Artium, Promotion
Studium der *Buchwissenschaft* und *Buchwirtschaft*	Universität Leipzig	Magister Artium, Promotion
Studiengang *Buchhandel/ Verlagswirtschaft*	HTWK (Hochschule für Technik, Wirtschaft und Kultur) Leipzig	Diplom-Buchhandelswirt/in (FH)
Studium der *Buchwissenschaft*	Universität Mainz	Magister Artium, Promotion
Diplomstudiengang *Buchwissenschaft*	Universität München	Diplom-Buchwissenschaftler/in
Studiengang *Mediapublishing* Studiengang *Print and Publishing*	Hochschule der Medien, Stuttgart	Bachelor Master of Science

7.5
Karrierewege im Sortimentsbuchhandel

»Am sichersten macht man Karriere, wenn man anderen den Eindruck vermittelt,
es sei für sie von Nutzen, einem zu helfen.«   JEAN DE LA BRUYÈRE

Sie können auf vielfältige Weise den Beruf des Buchhändlers ausüben. Die zahlreichen Möglichkeiten haben mit der Vielfalt der Sortimente, sprich mit den Spezialisierungen, mit der Ausrichtung des Buchhandels zu tun. Hier seien einige Beispiele, wo man als Buchhändler unterkommen kann, genannt:

• Sortimentsbuchhandel
• Warenhausbuchhandel
• Bahnhofsbuchhandel (Travel Retail)
• wissenschaftlicher Sortimentsbuchhandel
• Universitätsbuchhandel
• konfessioneller Buchhandel
• weiterer spezialisierter Buchhandel, beispielsweise:
  – Comics
  – Esoterik
  – Frauenliteratur
  – Fremdsprachige Literatur
  – Kinderbücher
  – Kunst
  – Technik/EDV
• Antiquariat
• Auktionshaus
• Modernes Antiquariat
• Versandbuchhandel
• Exportbuchhandel
• Importbuchhandel
• Buchgemeinschaft
• Internetbuchhandel
• Zwischenbuchhandel

Mit dem Grad Ihrer Qualifikation und Ihres Engagements erhöhen sich Ihre Chancen, in Ihrem Betrieb aufzusteigen. Natürlich haben Sie auch die Möglichkeit, sich in einem der genannten Bereiche selbstständig zu machen.

Abteilungsleiter

Ein Abteilungsleiter ist innerhalb einer (größeren) Buchhandlung für die Führung eines bestimmten Geschäftsbereiches zuständig – die Abteilungsbildung kann entweder thematisch vorgenommen werden und sich auf den Verkauf beziehen (beispielsweise Abteilungsleiter Belletristik) oder nach betriebswirtschaftlichen Kriterien erfolgen: Einkauf, Verkauf, Buchhaltung, Personal, etc. Hier können Spezialisten ihr Können zum Einsatz bringen und ihre individuellen Talente entfalten. Abteilungsleiter vertreten ihre Firma nur eingeschränkt nach Außen. Sie sind Angestellte, die größere Geschäfte nur nach Rücksprache mit der Geschäftsleitung tätigen.

Filialleiter

Wer als Filialleiter die Niederlassung einer Buchhandelskette führt, ist Generalist. Er sollte sehr gute Kenntnisse aller anfallenden Vorgänge in einer Buchhandlung haben, denn er vertritt die Buchhandlung gegenüber dem Inhaber, bei dem er angestellt ist, gegenüber allen Kunden und Geschäftspartnern und auch gegenüber allen Angestellten. Dazu gehören bei größeren Buchhandlungen auch die Abteilungsleiter, denen der Filialleiter die strategische Richtung vorgibt. Eine Niederlassung zu leiten, heißt Verantwortung zu tragen, was normalerweise mit einem Gehalt belohnt wird, das über dem des Abteilungsleiters liegt.

Geschäftsführer

Filialleiter und Geschäftsführer haben im Prinzip die gleichen Aufgaben. Die Geschäftsführung bezieht sich auf alle dem Geschäft zugehörigen Geschäftsbereiche und Filialen. Allerdings finden sich Geschäftsführer nur in bestimmten Geschäftsformen (Gesellschaft mit beschränkter Haftung, GmbH) und in größeren Buchhandlungen oder Buchhandelsketten. Sie befassen sich in der Regel nicht mehr mit dem buchhändlerischen Tagesgeschäft und werden normalerweise außer Tarif bezahlt. Geschäftsführer werden von den Gesellschaftern bestellt, können auch selbst Gesellschafter sein und sind den anderen Gesellschaftern der GmbH gegenüber regelmäßig Rechenschaft über allen tatsächlichen und rechtlichen Maßnahmen schuldig, die den Gesellschaftszweck unmittelbar oder mittelbar fördern sollen. Sie haben zumeist größere Geschäftsbefugnisse als Filialleiter, und arbeitsrechtliche Schutzvorschriften (z. B. Kündigungsschutz) gelten für sie unter Umständen nur eingeschränkt.

Selbstständiger Buchhändler

Selbstständige Buchhändler müssen niemandem Rechenschaft ablegen. Dafür tragen sie aber das volle Risiko ihrer Unternehmung - im Positiven wie im Negativen. Um eine Buchhandlung zu führen, braucht man zumindest in der Anfangszeit sehr viel Elan, Arbeitswillen, Durchsetzungskraft, einen langen finanziellen Atem, Unternehmungsgeist und Entscheidungsfreude. Grundsatzfragen wie die Wahl des Standorts, die Entscheidung für ein bestimmtes Sortiment und die Auswahl der Mitarbeiter wollen gut überlegt sein. Bund und Länder haben spezielle Förderprogramme für Jungunternehmer und Existenzgründer aufgelegt.

8
Börsenverein, Buchmessen und branchenrelevante Organisationen

»Jede Institution ist der verlängerte Schatten eines einzelnen Menschen.«

RALPH WALDO EMERSON

Jede Branche arbeitet mit Verbänden und Institutionen zusammen, die die Arbeitgeber der jeweiligen Branche in wirtschaftspolitischen und branchenspezifischen Fragen repräsentieren und ihre Interessen vertreten. Im Buchhandel übernimmt diese Rolle der Börsenverein des Deutschen Buchhandels – auch für Fragen der Aus- und Weiterbildung. Der Börsenverein (Bundesverband) unterhält die Abteilung für Berufsbildung, ist Träger der Schulen des Deutschen Buchhandels und beteiligt sich an der Akademie des Deutschen Buchhandels. Die zahlreichen Landesverbände bieten Seminarprogramme an und kümmern sich um die Belange der einzelnen Betriebe in ihren Verbänden. Hier sollen jedoch nur diejenigen Institutionen und Organisationen in Buchhandel und Verlag vorgestellt werden, die für Auszubildende von Interesse sind. Dazu gehören der Börsenverein mit seiner Abteilung für Berufsbildung, die Marketing- und Verlagsservice des Buchhandels GmbH (MVB), die Ausstellungs- und Messe GmbH (AuM), der Freundeskreis für Berufsbildung im Buchhandel und das Sozialwerk des Deutschen Buchhandels; außerdem einige fachverwandte Institutionen.

8.1
Börsenverein des Deutschen Buchhandels

»Es verhält sich mit einer ehrwürdigen Institution oft so, dass das, was am längsten von ihr lebt, der Name ist, denn für viele Menschen hat der Name mehr Wirklichkeit als die Idee.«

TANIA BLIXEN

Der Börsenverein des Deutschen Buchhandels e.V. nimmt die Interessenvertretung des gesamten Buchhandels wahr. Mit der Gründung in Leipzig im Jahre 1825 entstand die im Gegensatz zu anderen Unternehmerverbänden für den Börsenverein charakteristische Vereinigung aller

Handelsstufen unter einem Dach. Der Börsenverein vertritt also sowohl den herstellenden Buchhandel (Verlag) als auch den verbreitenden Buchhandel (Zwischenbuchhandel und Einzelhandel) und darüber hinaus die selbstständigen Verlagsvertreter. Gegenwärtig zählen ca. 6.400 Mitglieder zum Börsenverein. Seit 2003 ist er als Gesamtverein organisiert, der sich aus dem Bundesverband mit Sitz in Frankfurt am Main und elf rechtlich eigenständigen Landesverbänden zusammensetzt. Ein Länderrat beschließt die gemeinsame Willensbildung. Dies ändert jedoch nichts am Prinzip der Arbeitsteilung: Während der Bundesverband überregional ›für die große Politik‹ zuständig ist, erfüllen die Landesverbände ihre Aufgaben ›vor Ort‹.

Aufgaben des Börsenvereins (Bundesverband)

INTERESSENVERTRETUNG/SCHAFFUNG VON RAHMENBEDINGUNGEN
Preisbindung, Urheberrecht, Mehrwertsteuer, Technische Standards, Lobbyarbeit Europäische Union und internationale Gremien, Politische Verbindungsarbeit in Berlin, Kontakte mit gesellschaftlich relevanten Verbänden und Institutionen.

KULTURARBEIT
Frankfurter Buchmesse, Leipziger Buchpreis, Mitwirkung in der Stiftung Buchkunst, der Stiftung Lesen und anderen kulturell wichtigen Einrichtungen.

LESEFÖRDERUNG
Vorlesewettbewerb und andere zentrale Ereignisse der Leseförderung.

BERUFSBILDUNG
Berufsbild und Berufsbildungsrecht, Träger der Schulen des Deutschen Buchhandels, konzeptionelle Mitwirkung an der Akademie des Deutschen Buchhandels.

PRESSE UND INFORMATION
Diese Abteilung hält Kontakt zu den Medien und informiert kontinuierlich über die Position des Börsenvereins in bestimmten aktuellen Fragestellungen, auch Servicestelle für die Vermittlung von Informationen an regionale Medien bzw. an die Landesverbände.

SERVICELEISTUNGEN
Angebote zu den Bereichen Betriebswirtschaft, Marketing, Technik, Organisation von Messen und Ausstellungen etc.

RECHTS- UND STEUERANGELEGENHEITEN

Rechtsabteilung definiert rechtliche Fragestellungen im Zusammenhang mit der gesetzgeberischen Arbeit und berät Mitgliedsfirmen in allen buchhandelsspezifischen Rechtsfragen, Steuerabteilung.

MARKETING UND STATISTIK

Marketingaufgaben von zentraler und überörtlicher Bedeutung, z. B Deutscher Bücherpreis, Branchenstatistik, Marketing-Service für Mitglieder.

ARCHIV UND BIBLIOTHEK

GREMIENARBEIT

Fachausschüsse, z. B. Sortimenter-Ausschuss, Arbeitskreis Kleinerer Sortimente AKS, Arbeitsgemeinschaften, z. B. Arbeitsgemeinschaft Antiquariat oder Arbeitsgemeinschaft Bahnhofsbuchhandel.

MITGLIEDERVERWALTUNG

Aufgaben des Börsenvereins (Landesverbände)

LOBBYARBEIT

Landesregierungen und Kommunen, politische Verbindungsarbeit in den Landeshauptstädten, Unterstützung des Bundesverbandes, parlamentarische Abende, Arbeitstreffen mit Parlamentariern usw.

ÖFFENTLICHKEITSARBEIT

Gesellschaftliche und kulturelle Organisationen, Medien, Marketing für Buch und Lesen, Beantwortung von Anfragen von Nicht-Mitgliedern

AUS- UND WEITERBILDUNG

Auszubildende, Berufsschule, Ausbildungsbetriebe, IHK's und Arbeitsämter, Weiterbildung durch eigene Veranstaltungen oder durch Kooperationen

BERATUNG UND INFORMATION FÜR MITGLIEDER

Betriebswirtschaft, Steuern, Existenzgründung, Existenzaufgabe, Wirtschafts- und Steuerinformationen, Beratersuche, allgemeine Informationen zu Rechtsfragen, zum Thema Lehr- und Lernmittelfreiheit

MITGLIEDERKOMMUNIKATION

Periodische Verbandsmitteilungen, ad-hoc Informationen

SICHERUNG DER REGELN DES BUCHHÄNDLERISCHEN VERKEHRS
Preisbindung, Verkehrsordnung, Wettbewerbsregeln, Spartenpapier

SONSTIGE LEISTUNGEN UND TÄTIGKEITEN
Ahndung von Wettbewerbsverstößen, Vertreterbörsen, regionale Aktivitäten
wie Stammtische, Feste, Merkblätter, Checklisten, Rahmenverträge, Handbiblio-
thek, Jobbörse, Ansprechpartner für Sozialfälle

ALLGEMEINES
Gremienarbeit, Zusammenarbeit mit fachspezifischen Organisationen

Gewiss nicht zufällig steht die ›Politik für das Buch‹ jeweils an oberster
Stelle – geht es doch um die Schaffung optimaler Rahmenbedingungen,
um Bücher und andere Medien optimal herstellen und verkaufen zu können. Neben der Lobbyarbeit sind die kulturpolitischen Aktivitäten her-
vorzuheben. Hierzu zählt man unter anderem
• die Ausrichtung der Frankfurter Buchmesse;
• die Ausrichtung des Vorlesewettbewerbs (unter Schirmherrschaft
  des Bundespräsidenten) und andere Maßnahmen der Leseförderung;
• die Verleihung des Friedenspreises des Deutschen Buchhandels;
• die Organisation des Welttag des Buches am 23. April eines jeden
  Jahres.

Von diesem Engagement für das Buch sind die wirtschaftlichen Aktivitäten abzugrenzen, denn als ›eingetragener Verein‹ darf der Börsenverein
nicht gewinnorientiert arbeiten. Die wirtschaftlichen Aktivitäten werden
deshalb von speziellen Wirtschaftsunternehmen wahrgenommen, die
zum größten Teil in der Börsenverein des Deutschen Buchhandels Betei-
ligungsgesellschaft mbH zusammengefasst sind. Hierzu gehören die
• Marketing- und Verlagsservice des Buchhandels GmbH (MVB);
• Ausstellungs- und Messe GmbH (AuM);
• Buchhandels-Service-Gesellschaft (BSG).

Die MVB agiert als ›Verlag der Branche‹ und verlegt unter anderem das
Verzeichnis Lieferbarer Bücher (VLB) mit rund einer Million Titelein-
trägen, die *Deutsche Nationalbibliografie*, die Kundenzeitschrift *Buch-
journal* sowie das *Börsenblatt*, das wöchentlich mit Neuigkeiten der weit-
verzweigten Medienbranche und Hintergrundartikeln aufwartet. Das
Börsenblatt gibt es übrigens auch als preisreduziertes Azubi-Abo. Als
Dienstleister organisiert die MVB unter anderem die Vergabe der Internationalen Standard Buchnummer (ISBN) und den BuchSchenkService
(BSS), der ähnlich wie der Fleurop-Dienst der Blumenfachgeschäfte

agiert, indem ein in einer Aachener Buchhandlung ausgestellter Bücherscheck beispielsweise in Zwickau eingelöst werden kann. Die BSG bietet Vergünstigungen beim Kauf von Kraftfahrzeugen, bei Mobilfunk und der Festnetz-Telefonie sowie im Versicherungsbereich an, indem Rahmenverträge und Partner-Abkommen letzten Endes den einzelnen Börsenverein-Mitgliedsfirmen und auch deren Beschäftigten zugute kommen. Die Aktivitäten der AuM werden im letzten Kapitel vorgestellt.

Nähere Informationen zur Verbandsstruktur und den einzelnen Abteilungen und Geschäftsstellen des Börsenvereins finden Sie auf der Website des Verbandes www.boersenverein.de. Doch nun zu den Anlaufstellen im Verband für (künftige) Azubis.

Sortimenter-Ausschuss

Der Sortimenter-Ausschuss vertritt die Interessen der Buchhändler im dreistufigen Börsenverein gegenüber der Öffentlichkeit, aber auch gegenüber den anderen Fachausschüssen und Gruppen innerhalb des Verbandes. Er hat demnach eine Mittlerfunktion zwischen Gesamtverband und den einzelnen Buchhandlungen. Damit die ›Politik‹ der ehrenamtlichen Mitglieder effizient umgesetzt werden kann, wird die Geschäftsstelle von einer hauptamtlichen Geschäftsführerin des Sortimenter-Ausschusses geleitet. Die Geschäftsstelle ist auch Anlaufstelle für die Beantwortung zahlreicher Anfragen, die im Zusammenhang mit Neugründungen und dem Führen von Buchhandlungen stehen. Auch die Arbeitsgemeinschaften Bahnhofsbuchhandel sowie Reise- und Versandbuchhandel werden hier betreut – und selbstverständlich auch die Arbeitsgemeinschaft wissenschaftlicher Sortimentsbuchhändler (AWS) und der Arbeitskreis kleinerer Sortimenter (AKS) mit mehr als 500 Mitgliedern.

Abteilung für Berufsbildung

Gemäß seiner Satzung kümmert sich der Börsenvereins um den Bereich Aus- und Weiterbildung. Wie in vielen anderen Gremien werden die Aufgaben auch hier zweigeteilt. Einem (ehrenamtlich) besetzten Ausschuss für Berufsbildung steht in diesem Sinne eine hauptamtlich besetzte Abteilung für Berufsbildung zur Seite, die direkt dem Geschäftsführer des Börsenvereins untersteht. Der Ausschuss für Berufsbildung ist gleichzeitig der Aufsichtsrat der Schulen des Deutschen Buchhandels. Er besteht zur Zeit (2004) aus 10 Mitgliedern, davon 4 Landesverbandgeschäftsführern sowie je drei ehrenamtlichen Verlegern und Sortimentern. Zu den

Aufgaben und Dienstleistungen der Abteilung für Berufsbildung gehörten beispielsweise im Jahr 2004:

1. *Information und Beratung zu allen Fragen der Berufsbildung inklusive Nachwuchswerbung.*
   Hierzu gehören im Einzelnen:
   - die Erstellung, ständige Überarbeitung und Komplettierung von Informationsmaterial zum Thema Aus- und Fortbildung (Arbeitsmappe für Ausbilder, Info-Mappe für Azubis, Fortbildungsbroschüre, Info-Pakete für Lektoren, Musterverträge für Volontariate etc.);
   - die Beratung von Mitgliedsfirmen und deren Mitarbeiter über Aus- und Fortbildung sowie Berufsbildungsrechte;
   - die berufskundliche Beratung anderer Personen, wie Schulabgänger, Studenten, Studienabgänger, Umschüler, Wiedereinsteiger und Existenzgründer;
   - die Auswertung der Fachpresse nach berufskundlichen Themen mit Branchenrelevanz sowie redaktionelle Veröffentlichungen in der Fachpresse;
   - Vorträge zum Thema Aus- und Fortbildung sowie Arbeitsmarktsituation in der Branche bei Arbeitsämtern, berufskundlichen Veranstaltungen, Schulen etc.

2. *Auslandspraktika.*
   Hierbei geht es um:
   - Informationen und Materialien zu Praktika im In- und Ausland;
   - Beratung bei Anfragen über Praktikumsmöglichkeiten im Ausland;
   - Stipendiatenauswahl (in Zusammenarbeit mit der AuM) für das Austauschprogramm des Deutsch-Französischen Jugendwerks.

3. *Messeservice/Freikarten, Kostenbeteiligung.*
   Rund 4.500 junge Mitarbeiter profitierten von Aktivitäten, die finanziell von der AuM getragen werden:
   - Freikarten: jährlich Aktion, kostenloser Besuch der Frankfurter Buchmesse für Auszubildende;
   - Kostenbeteiligung: Messefahrten von Buchhandels- und Verlagsfachklassen.

4. *Gespräche mit IHK und Ministerien über Berufsbildungsfragen bei anstehenden Neuordnungen der Berufsbilder.*

5. *Betreuung der Buchhandels- und Verlagsfachklassen an öffentlichen Berufsschulen inklusive der Lehrerfortbildung:*
   - Kontaktpflege zu Lehrern, Informationsaustausch;
   - regelmäßiger Versand von Unterrichtsmaterialien;
   - zweimal pro Jahr Versand der VLB-CD-ROM an Buchhandelsfachklassen;
   - jährliches Fachklassenlehrer-Seminar für Lehrer an Buchhandelsfachklassen;

• jährliches Fachklassenlehrer-Seminar für Lehrer in Verlagsfachklassen, die gemeinsam mit dem Bundesverband der Deutschen
Zeitungsverleger (BDZV) und dem Verband Deutscher Zeitschrif-
tenverleger (VDZ) ausgerichtet wird.

6. *Kontakte zu internationalen Verbänden und Organisationen.*

7. *Geschäftsführung Förderverein Berufsbildung*
   • Erstellung und Versand der Mitgliederinformationen;
   • Durchführung von Sitzungen, Beschlussumsetzung;
   • Satzungs- und beschlussgemäße Verwendung der Vereinsbeiträge;
   • Abwicklung des Beitragseinzugsverfahrens;
   • Pflege der Mitgliederdaten;
   • Spendenakquise;
   • Einzelaktionen zu Aus- und Fortbildung, aktuelle: Bildungsgut-
   scheine.

Förderverein Berufsbildung Buchhandel

Der Förderverein Berufsbildung Buchhandel stellt eine weitere Komponente der Bildungseinrichtungen des Börsenvereins dar. Die Ziele des
Fördervereins bestehen in der Erhaltung und Förderung der für die Branche wichtigen Aktivitäten im Bereich Aus- und Weiterbildung. So unter-
stützt der Förderverein die Buchhändlerschule in Frankfurt-Seckbach
und das Internat des Deutschen Buchhandels in Leipzig. Diejenigen
Schüler der Frankfurter Buchhändlerschule, die von ihrem Bundesland
und auch ansonsten keine Förderung erhalten und nicht mehr bei ihren
Eltern wohnen und von diesen ebenfalls keinen Zuschuss erhalten, bekommen einen Zuschuss von 250,– Euro vom Förderverein. Azubis, die
das Internat des Deutschen Buchhandels in Leipzig besuchen, erhalten
ebenfalls einen Zuschuss. Hierfür kann ein Antrag bei der Geschäftsstelle (Abteilung für Berufsbildung) gestellt werden. Auch bemüht sich der
Freundeskreis um die Nachwuchswerbung.

Sozialwerk des Deutschen Buchhandels

Anders als beim Förderverein Berufsbildung Buchhandel handelt es sich
beim Sozialwerk nicht um eine Bildungs-, sondern um eine Sozialein-
richtung des Börsenvereins. Das Sozialwerk hat seit seiner Gründung im
Jahr 1952 neben der Unterstützung in Not geratener Buchhändler den
Zweck, junge bedürftige Buchhändler zu fördern. Ein Antrag auf Förderung kann bei der Geschäftsstelle im Börsenverein gestellt werden. Azubis, die die länderübergreifende Fachklasse in Leipzig besuchen, bekom-

men vom Sozialwerk Zuschüsse für die Anreise mit dem Zug. Anträge für diesen Zuschuss sind im Internat in Leipzig erhältlich. Auch Azubis, die die Buchhändlerschule in Frankfurt-Seckbach besuchen, können in Härtefällen einen Antrag auf Zuschuss beim Sozialwerk stellen.

CLAUS

Dass auch die buchhändlerischen Landesverbände in Sachen Aus- und Weiterbildung engagiert sind, ist bereits mehrfach erwähnt worden. Besonders hervorheben möchten wir an dieser Stelle die Initiative des bayerischen Landesverbandes, der unter dem Namen *CLAUS* sogar einen eigenen Club für Auszubildende hat. Jeder Auszubildende, der in einer Mitgliedsbuchhandlung des Landesverbandes arbeitet, kann im *CL*ub der *AUS*zubildenden Mitglied werden und kostenlos an dem eigens für Azubis organisierten Programm teilnehmen. Neben Seminaren zu verschiedenen Themen der Branche werden Workshops und Besuche bei Verlagen und anderen branchenverwandten Betrieben angeboten. Nicht nur solche die Ausbildung in Schule und Betrieb ergänzenden Informationen machen die Attraktivität dieser Seminare aus; auch die Möglichkeit, sich einmal mit anderen Azubis (über den eigenen Betrieb und die Berufsschulklasse hinaus) auszutauschen. Aktuelle *CLAUS*-Veranstaltungen findet man auf der Website des Landesverbandes Bayern oder direkt unter www.ausbildung-buchhandel.de.

Hier stehen aber auch weitergehende Informationen über Studiengänge im In- und Ausland, Ausbildungswege und Berufsbilder im Buchhandel und Verlag. Darüber hinaus können Literaturtipps sowie Anregungen für Bewerbungen sowie viele nützliche Adressen etc. abgerufen werden. Ein Forum sorgt für den interaktiven Austausch. Es lohnt sich allemal, sich zu informieren, was der jeweilige Landesverband Ihres Ausbildungsbetriebs speziell für Azubis im Programm hat.

8.2
Branchenrelevante Organisationen

»Es ist schwer, sich nach Sternen zu orientieren, die erloschen sind.«
ALFRED POLGAR

Nicht nur der Börsenverein kümmert sich um den Berufsstand des Buchhändlers. Die moderne Arbeitswelt ist so vielschichtig und komplex, dass auch andere gesellschaftliche und wirtschaftliche Interessenvertretungen wie Gewerkschaften und die IHK den Gang der Ausbildung mit gestalten wollen. Darüber hinaus gibt es viele weitere Institutionen, die sich mit der Medienwelt beschäftigen als man sich gemeinhin vorstellt. Hier ein kleiner Einblick.

Stiftung Lesen

Die Stiftung Lesen, die unter der Schirmherrschaft des Bundespräsidenten agiert, hat sich zum Ziel gesetzt, Lese- und Sprachkultur zu erhalten und zu fördern. Sie versteht sich als ›Ideenwerkstatt für alle, die Spaß am Lesen vermitteln wollen‹. Seit ihrer Gründung 1988 konzipiert die Stiftung Lesen diverse Projekte in Schulen und mit Buchhandlungen. Mit ihrer kultur- und bildungspolitischen Arbeit ist sie ein wichtiger Partner des Buchhandels, denn was wären Bücher ohne Leser? Unter der Adresse www.stiftunglesen.de gibt die Website der Stiftung detaillierte Auskunft über ihre Arbeit. Der Börsenverein hat 1991 einen Verein Freundeskreis der Stiftung Lesen gegründet, um die Initiativen der Stiftung zu unterstützen. Die Geschäftsstelle dieses Fördervereins hat unter derselben Adresse wie die Stiftung Lesen selbst ihren Sitz.

Die Deutsche Bibliothek

Zu Der Deutschen Bibliothek als Dachorganisation gehören die Deutsche Bücherei in Leipzig, die Deutsche Bibliothek in Frankfurt und das Deutsche Musikarchiv in Berlin. Die Deutsche Bibliothek ist das Gesamtarchiv und nationalbibliographische Informationszentrum für deutsches Schrifttum seit 1913. Die Aufgabe der gemeinsam unter dem Dach Der Deutschen Bibliothek befindlichen Häuser ist die Sammlung und Bereitstellung der Bestände. Jede einzelne Institution hat dabei ihre Schwerpunkte, wie etwa die Deutsche Bibliothek in Frankfurt die Informationstechnologie und die bibliografischen Dienstleistungen.

Nach der Pflichtstückverordnung im Gesetz über die Deutsche Bibliothek muss jeder Verlag je zwei Exemplare seiner Druckwerke, Tonträger und audio-visuellen Medien an Die Deutsche Bibliothek abführen. Diese Pflichtstückverordnung bildet die Grundlage für die Erstellung der *Deutschen Nationalbibliografie* – der größten bibliografischen Datensammlung für deutsche Literatur.

Zu den Organen Der Deutschen Bibliothek gehört unter anderem der Verwaltungsrat, in dem auch Mitglieder des Börsenvereins Sitz und Stimme haben. Der Verwaltungsrat trifft alle wichtigen Die Deutsche Bibliothek betreffenden Entscheidungen. Die Mitarbeit im Verwaltungsrat der Deutschen Bibliothek macht einen weiteren Aspekt des kulturpolitischen

Engagements des Börsenvereins aus. Weitere Informationen unter www.ddb.de.

Industrie und Handelskammer (IHK)

Die Industrie und Handelskammer ist eine Körperschaft des öffentlichen Rechts. Sie ist in 83 regionale Kammern aufgeteilt, die die Interessen der gewerblichen Wirtschaft vertreten. Alle gewerblichen Betriebe sind verpflichtet, Mitglied in ihrer zuständigen Kammer zu werden. Die Bundesdachorganisation ist der Deutsche Industrie- und Handelskammertag (DIHK). Gemäß Berufsbildungsgesetz überwacht die IHK die Berufsausbildung, indem sie die Prüfungen organisiert. Für die Ausbildung relevant sind: das Referat für Ausbildungsberatung, das Referat für Prüfungswesen und das Referat für Weiterbildung und Weiterbildungsprüfungen.

Was tut die IHK in Sachen Ausbildung? Die Ausbildungsberater der IHK betreuen gleichermaßen den Auszubildenden wie auch den Ausbilder (den ausbildenden Betrieb). Wenn eine Buchhandlung ausbilden möchte, dann berät die IHK den Betrieb nicht nur, wie er einen Auszubildenden findet, sondern schickt einen Ausbildungsbetrater in den Betrieb, der prüft, ob der Betrieb geeignet ist, auszubilden. Geeignet auszubilden ist ein Betrieb dann, wenn er Bücher verkauft und Rechnungswesen und Buchführung betreibt. Manche Betriebe sind Teilnehmer eines Ausbildungsverbundes, die bestimmte Arbeiten ausführen, andere aber nicht. Der Auszubildende kann diese Arbeiten dann in den Partnerbetrieben erlernen. Der Betrieb sollte weiterhin einen Ausbilder haben, der für die Ausbildung des Auszubildenden im Betrieb zuständig ist. Die IHK prüft auch den Ausbildungsvertrag, den der Betrieb und der Auszubildende miteinander schließen. Geprüft wird dieser Vertrag auf Punkte wie Ausbildungsdauer, Vergütung oder Urlaub. Alle Ausbildungsverträge müssen bei der zuständigen IHK in ein Verzeichnis eingetragen werden. Dem Ausbildungsberater der IHK obliegt des Weiteren die Aufgabe, zu überprüfen, ob der Ausbildungsplan eingehalten wird bzw. dass Ausbildung überhaupt stattfindet.

Der Betrieb muss die Ausbildungsordnung, die vom Arbeitgeberverband und der Gewerkschaft verabschiedet wurde, einhalten. Gibt es Probleme zwischen Betrieb und Ausbilder, wie etwa Schließung des Betriebes oder Kündigung, vermittelt der Ausbildungsberater zwischen beiden Parteien. Die Ausbildungsbetreuung der IHK beinhaltet auch Treffen zwischen Schulen und Betrieb bezüglich der Lernortkoordination oder mit den Arbeitgeberverbänden bzw. in der Buchhandelsbranche mit dem Börsenverein, mit dem die IHK beispielsweise 1998 über das erneuerte Berufsbild des Buchhändlers beraten hat.

Die IHK organisiert unter der Mitarbeit einer Vielzahl von ehrenamtlichen Prüfern auch die Prüfungen. Zwischen- und Abschlussprüfungen werden vor der Kammer der für den Ausbildungsbetrieb zuständigen IHK abgelegt. In Ausnahmefällen können Abschlussprüfungen auch von einer Kammer zu einer anderen überstellt werden.

Gewerkschaft

Eine Gewerkschaft ist die Interessenvertretung für alle Arbeitnehmer (Beschäftigten) einer Branche. Sie handelt Tarifverträge aus und vertritt ihre Mitglieder in arbeits- und sozialrechtlichen Fragen wie Krankheit, Erwerbslosigkeit oder Arbeitszeiten (Ladenschlussgesetz). Die Gewerkschaft bietet ihren Mitgliedern kostenlosen Rechtsschutz und sorgt für die Wahrung individueller Rechte. Gemäß ihren Grundsätzen, die unter anderem die Wahrung und Verteidigung des Rechtes auf Bildung einschließen, setzen sich die Gewerkschaften auch für die Förderung der beruflichen Aus- und Weiterbildung ein.

Die für die Arbeitnehmer im Sortimentsbuchhandel zuständige Gewerkschaft heißt ver.di, die unter ihrem Dach neben anderen Gruppen auch die Arbeitnehmer aus dem Bereich Handel, Banken und Versicherungen vertritt. Wie jede andere Gewerkschaft, so hat auch ver.di einen Bereich Jugendarbeit, die ver.di Jugend, die sich besonders um die Belange der jungen Mitglieder bemüht. Bis zum vollendeten 28. Lebensjahr gehört man als Gewerkschaftsmitglied zur ver.di Jugend. Die ver.di-Jugend bietet auf ihrer Website beispielsweise einen Fragebogen an, mit Hilfe dessen man die Qualität der eigenen Ausbildung überprüfen kann. Näheres unter www.verdi-jugend.de.

Als Mitglied einer Gewerkschaft zahlt man monatlich einen Mitgliedsbeitrag, der sich am eigenen Verdienst bemisst. Neben der einfachen Mitgliedschaft kann man sich auch aktiv in seinem jeweiligen Bezirk bzw. an der Jugendarbeit beteiligen.

8.3
Buchmessen als Tor zur Welt der Medien

»Vielleicht hatte sie Recht, Liebe in Bücher zu stecken; vielleicht konnte sie anderswo nicht leben.« WILLIAM FAULKNER

Frankfurt war schon im 15. Jahrhundert durch seine zentrale Lage an den wichtigen Handelstraßen der Handelsplatz Nummer Eins für den europäischen (damals lateinischsprachigen) Buchmarkt. Über 300 ausländische Buchhändler und Verleger kamen 1615 zu der ersten Buchmesse in die Stadt am Main. Die Vormachtstellung Frankfurts wurde im 18. Jahrhundert durch die von Leipzig abgelöst. Leipzig und Frankfurt sind auch heute die wichtigsten Messestädte in der Bundesrepublik, wo Medien ausgestellt werden und rund um neue Bücher und Autoren ein kulturelles Medienspektakel entfacht wird.

Leipziger Buchmesse

Beginnen wir mit Leipzig. Hier findet alljährlich Ende März eine Messe statt, die sich – im Unterschied zur Frankfurter Buchmesse im Herbst – als eine Publikumsmesse profiliert hat. Zwar werden auch hier Geschäfte getätigt, aber die zahlreichen Veranstaltungen, die im attraktiven Rahmenprogramm *Leipzig liest* stattfinden, haben diesen Ruf mit begründet. Auch auf der Messe gibt es viele Autoren zum Sehen und ›Anfassen‹ – nicht nur an den Ständen, sondern auch in Rundfunk- und Fernsehinterviews, die live ausgestrahlt werden. Kulturell bedeutsam ist der Leipziger Buchpreis zur Europäischen Verständigung, der Persönlichkeiten auszeichnet, die den Verständigungsprozess für die Region Mittel-Ost-Europa vorangetrieben haben. Weitere Informationen zur Leipziger Buchmesse finden sich unter www.leipziger-buchmesse.de.

Von besonderem Interesse für Auszubildende auf der Leipziger Buchmesse sind die *Ausbildbar* und der Stand *Studium rund ums Buch*. Der Stand *Studium rund ums Buch* bietet wie auf der Frankfurter Buchmesse Informationen rund um die branchenspezifischen Studiengänge. Die *Ausbildbar*, organisiert von den Azubis der Leipziger Lehranstalt, ist der zentrale Messeanlaufpunkt für alle Auszubildenden der Buchbranche. Wer mehr als einen Tagesausflug zur Messe plant, findet ein Bett in einer der Jugendherbergen in und nahe bei Leipzig.

Jugendherberge Leipzig
Volksgartenstrasse 24
04347 Leipzig
Telefon: 03 41/24 57 00
Telefax: 03 41/2 45 70 12
E-Mail: jhleipzig@djh.de

Jugendherberge Bad Lausick/Buchheim (ca. 25 km von Leipzig entfernt)
Herbergsweg 2
04651 Bad Lausick
Telefon: 03 43 45/72 70
Telefax: 03 43 45/7 27 23
E-Mail: jhbadlausick@djh.de

Frankfurter Buchmesse

Die Frankfurter Buchmesse ist die größte Buchmesse der Welt. Rund 6.500 Aussteller sind hier alljährlich im Oktober auf rund 190.000 Quadratmetern Ausstellungsfläche vertreten. Die ersten drei Tage sind traditionell dem Fachpublikum (dazu gehören auch Auszubildende der Buch- und Verlagsbranche) vorbehalten. Erst zum Wochenende hin öffnet die Messe ihre Tore für jedermann. Etwa 350.000 Bücher, Zeitschriften, Hörbücher, Videopublikationen und elektronische Medien werden ausgestellt, aber verschiedene thematische Foren sorgen für attraktive Verweilprogramme in den Messehallen. Natürlich ist auf einer Messe noch viel mehr los, als es für den oberflächlichen Blick sichtbar ist. Denn was wäre die Buchbranche ohne Literatur-Agenten und Scouts sowie die Medienvertreter, die hinter den Kulissen arbeiten. Auch finden für das Fachpublikum aus aller Welt zahlreiche Konferenzen statt, die sich mit den wichtigen aktuellen Themen der Branche befassen; wie etwa mit dem internationalen Urheberrecht in Zeiten des Internets. Organisiert wird die Messe von der Ausstellungs- und Messe GmbH des Börsenvereins, die auch für den Auftritt deutscher Verlage bei Messen und Buchausstellungen im Ausland zuständig ist.

Neben der zentralen Rolle der Frankfurter Buchmesse als globalem Marktplatz gibt die Buchmesse den Besuchern die Möglichkeit, sich live ein Bild von Trends, der Situation und den Entwicklungen innerhalb der Branche zu machen. Sie bietet Sortimentern, Bibliothekaren und Lesern umfassende Informationen. Neben der Möglichkeit, auf den zweimal jährlich stattfindenden Vertreterbörsen oder beim Vertreterbesuch im Laden einzukaufen, tätigen auch heute noch etliche kleinere Sortimenter ihren Einkauf von Büchern auf der Buchmesse. Aber auch die persönliche Kontaktpflege zwischen Buchhändlern, Verlagen und anderen Dienstleistern der Branche ist Bestandteil des Messegeschäfts. Ferner werden auf der Buchmesse Rechte und Lizenzen gehandelt, das heißt, es werden Manuskripte, Übersetzungen, Filmrechte und anderes mehr verkauft. Selbst in Zeiten des Internet werden hier noch Geschäfte per Handschlag besiegelt. Eröffnet wird die Buchmesse traditionell am Abend vor Messebeginn mit einem feierlichen Akt in der Frankfurter Festhalle. Ebenso feierlich verläuft die Verleihung des Friedenspreises des Deutschen Buchhandels am Messesonntag in der Paulskirche. Seit geraumer Zeit bieten die Veranstalter der Messe so genannten Gastländern eine Plattform, um ihr Land und ihre Kultur vorstellen zu können. Alles weitere erfährt man auf der Website der Frankfurter Buchmesse www.buchmesse.de.

Das Azubistro – der Treffpunkt für Auszubildende

Seit 1997 bietet das *Azubistro* zahlreiche Veranstaltungen rund um das Thema Aus- und Weiterbildung sowie Lesungen renommierter Autoren an. Es ist eines der wenigen Angebote auf der Frankfurter Buchmesse, das sich direkt an Azubis aus Buchhandel und Verlag wendet. Aber auch zukünftige Buchhandelslehrlinge oder junge Leute, die sich für diesen Ausbildungsberuf interessieren, können sich hier informieren und mit Auszubildenden, die sich bereits in der Lehre befinden, unterhalten. Sechs Jahre lang hat die Autorin Dorothée Werner rund um das *Azubistro* gewirkt. Sie hat diese ›Institution‹ initiiert und das *Azubistro* mit viel Kreativität und Engagement betreut, bevor im Jahr 2003 die Deutsche Buchhändlerschule die Organisation des Standes und der Veranstaltungen übernahm.

Praktische Infos für den Messebesuch

Der Besuch der Buchmesse ist mit einigen Kosten verbunden. Aber vielleicht initiieren Sie eine Azubi-Messefahrt mit der Berufsschulklasse oder schließen sich einer anderen Gruppe an, um Anfahrtskosten zu sparen. Kostenlose Eintrittskarten für Azubis können bei der Abteilung für Berufsbildung über den eigenen Betrieb oder die Berufsschulklasse (nicht einzeln!) bei der Abteilung für Berufsbildung bestellt werden. Auch Zuschüsse zu den Fahrt- und Übernachtungskosten bei einer Gruppenfahrt mit der Fachklasse können hier beantragt werden. Eine Übernachtung lohnt sich schon allein deshalb, weil das Messegeschehen nicht um 18.30 Uhr endet. Manch einer behauptet sogar, dass es danach erst richtig losgeht. Und das Rahmenprogramm ist riesig: Lesungen, Ausstellungen, Filmvorführungen und – nicht zu vergessen – die ebenso berühmten wie berüchtigten Buchmessenparties. Unterkünfte für junge Leute bieten Jugendherbergen in Frankfurt und im Frankfurter Umland. Es empfiehlt sich, mindestens ein halbes Jahr im voraus zu buchen, spätestens jedoch acht Wochen vor Messebeginn.

Jugendherberge Frankfurt am Main/Haus der Jugend
Deutschherrnufer 12
60594 Frankfurt am Main
Telefon 069/61 00 15-0
Telefax: 069/61 00 15-99
E-Mail: jugendherberge_frankfurt@t-online.de
www.jugendherberge-frankfurt.de

Jugendherberge Darmstadt
Landgraf-Georg-Straße 119
64287 Darmstadt
Telefon: 0 61 51/4 52 93
Telefax: 0 61 51/42 25 35
E-Mail: darmstadt@djh-hessen.de

Jugendherberge Wiesbaden
Blücherstr. 66
65159 Wiesbaden
Telefon: 06 11/44 90 81
Telefax: 06 11/4 86 57
E-Mail: wiesbaden@djh-hessen.de

Jugendherberge Bad Homburg
Mühlweg 17
61348 Bad Homburg
Telefon: 0 61 72/2 39 50
Telefax: 0 61 72/2 23 12
E-Mail: bad-homburg@djh-hessen.de

Noch ein Tipp zum Schluss: Wer den Kunden kompetent beraten will, muss über die neuesten Titel gut informiert sein. Hier können die Buchmessen-Sonderbeilagen der Zeitungen wie Frankfurter Allgemeine Zeitung, Zeit, Frankfurter Rundschau oder der Süddeutschen Zeitung sehr von Nutzen sein. Diese Zeitungen haben fast alle einen eigenen Stand auf der Messe, wo die Sonderbeilagen mit Buchbesprechungen zur Buchmesse kostenlos erhältlich sind.

Egal wo Sie auftauchen

die Produkte der Langenscheidt Verlagsgruppe
sind immer eine Empfehlung wert!

Reinhard Wittmann

Geschichte des deutschen Buchhandels

beck'sche reihe

495 Seiten mit 25 Abbildungen. Paperback Euro 13,50[D]
(bsr 1304) ISBN 3-406-42104-0

Das Buch gibt einen Überblick über die mehr als fünfhundertjährige Geschichte des Schreibens und Herstellens, des Verkaufs und der Lektüre von Büchern im deutschsprachigen Raum.

„Wittmanns Buch ist ein Who is Who der Buchhandelsgeschichte.
Es nennt Namen, Daten und Ereignisse in Überfülle."
M. Ehrenbeck/H. Steinert, Deutschlandfunk

VERLAG C.H.BECK

www.beck.de

Für alle, die Bücher in den
Mittelpunkt Ihres (Arbeits-) Lebens stellen.

Erhard Schütz (Hg.)

Das BuchMarktBuch

Der Literaturbetrieb
in Grundbegriffen

rowohlts
enzyklopädie

€ 14,90 (D)/sFr. 26,80 rororo 55672

Erscheint im September 2005

Klett. Ich weiß.

Bildung ist unsere Stärke.

www.klett.de

»Es muß sie geben, die kluge Synthese zwischen HEUTE und Morgen, zwischen dem Notwendigen und dem SCHÖNEN.«

[BRIGITTE REIMANN]

Foto: Thomas Billhardt

SECHZIG
JAHRE
EIGENE
SEITEN

aufbau
VERLAG
www.aufbau-verlag.de

Platz 1

im Sachbuch 2004.
Wir freuen uns auf 2005.

Edition Buchhandel

Weitere Informationen zu den Titeln der Edition Buchhandel –
inklusive Gliederungsübersichten und Leseproben – finden Sie
auf der Website des Verlags.

⫶Bramann – BÜCHER FÜR MEDIENBERUFE
E-Mail: info@bramann.de • www.bramann.de